JUNIOR CYC

LESS STRESS MORE SUCCESS

Junior Cycle Irish

Higher Level

Sandy Carr

GILL EDUCATION

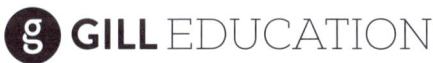

Gill Education
Hume Avenue
Park West
Dublin 12
www.gilleducation.ie

Gill Education is an imprint of M.H. Gill & Co.

© Sandy Carr 2023

ISBN 978 0 7171 95152

Design by Liz White Designs
Print origination by Graftrónaic

All rights reserved.
No part of this publication may be copied, reproduced or transmitted in any form or by any means without written permission of the publishers or else under the terms of any licence permitting limited copying issued by the Irish Copyright Licensing Agency.

Any links to external websites should not be construed as an endorsement by Gill Education of the content or view of the linked material.

For permission to reproduce images, the authors and publisher gratefully acknowledge the following:

© Adobe Stock: 3, 8, 18, 23, 26, 27T, 60, 62, 64, 132, 165, 169, 175, 176, 177, 178; © Alamy: 20, 35, 43, 48, 55CT; © Getty Images: 24, 129C, 182B; © iStock/Getty Premium: 1, 5R, 9, 12, 14, 16, 21, 22, 25, 27B, 28, 29, 30, 31, 32, 34, 45, 51, 55T, 55CB, 55B, 59, 98, 101, 103, 104, 106, 108, 111, 113, 117, 118, 119, 110, 122, 125, 129R, 135, 138, 141, 143, 146, 149, 152, 154, 159, 161, 163, 166, 168, 172, 173, 179, 180, 181, 182T; © Shutterstock: 39, 171; © TG4: 129L.

The authors and publisher have made every effort to trace all copyright holders, but if any have been inadvertently overlooked we would be pleased to make the necessary arrangement at the first opportunity.

The paper used in this book comes from the wood pulp of sustainably managed forests.

Strands and Learning Outcomes for Junior Cycle Irish v

1. **Introduction to CBA 1, CBA 2, the Assessment Task and the Written Exam** 1
   - CBA 1 1
   - CBA 2 2
   - Writing a Reflection 4
   - Assessment Task 6
   - Sample Reflection 10

2. **The Written Exam** 12
   - Format and Timing 12
   - Guidelines 13

3. **Listening** 14
   - Guidelines 14
   - Key Vocabulary 16
   - Sample Questions 20

4. **Reading** 33
   - Guidelines 33
   - Key Vocabulary 34
   - Sample Questions and Answers 35

5. **Literature** 58
   - Guidelines 58
   - Key Vocabulary 59
   - Sample Questions and Answers 65

6. **Writing** 101
   - Guidelines 101
   - Blog 102
   - Essay 104

- Speech/Debate 106
- Article 108
- Letter/Email 110
- Postcard/Text Message 115
- Story 115
- Picture Sequence 120
- Sample Questions and Answers 122

7. **Grammar** **158**
   - Guidelines 158
   - Tenses and Moods *(na hAimsirí agus na Modhanna)* 158
   - The Copula *(an Chopail)* 168
   - The Possessive Adjective *(an Aidiacht Shealbhach)* 169
   - Prepositions *(Réamhfhocail)* 170
   - *Séimhiú* and *Urú* 171
   - Numbers *(Uimhreacha)* 174
   - The Genitive Case *(an Tuiseal Ginideach)* 176
   - Sample Questions and Answers 178

Listening Scripts **184**

Strands and Learning Outcomes for Junior Cycle Irish

What are Learning Outcomes?

Learning outcomes are what you should be able to do once you've completed the Junior Cycle course. For Irish, the learning outcomes are divided into three strands.

Strand 1: Communicative competence

In short, this is your ability to listen, read, write, speak and interact with others. In the Junior Cycle course, you will practise listening exercises, read literature, write about literature and use Irish to communicate with your peers and your teacher.

Listening

You should be able to:

1.1 understand the main messages of Irish-language communication relating to everyday life as long as it is spoken at a normal pace and it is clear
1.2 identify particular details relating to common everyday things
1.3 demonstrate an enjoyment of listening to Irish
1.4 select and share listening material and sources, using digital technologies
1.5 recognise dialects.

Reading

You should be able to:

1.6 use a range of appropriate decoding strategies
1.7 identify the main details that relate to common everyday things in Irish texts
1.8 understand the main messages in a wide range of Irish texts relating to everyday life
1.9 enjoy a range of relevant authentic texts to develop reading ability
1.10 find and use authentic texts to conduct research.

Spoken production

You should be able to:

1.11 express personal communication messages relating to everyday life

1.12 create and present oral texts by yourself and/or as part of a group demonstrating an understanding of audience

1.13 pronounce Irish words clearly and accurately

1.14 enjoy communicating in Irish

1.15 expand your own personal vocabulary for everyday things and subjects of personal interest

1.16 communicate orally on what you have heard

1.17 communicate orally based on relevant Irish texts

1.18 develop and defend personal opinions on relevant issues of personal interest.

Spoken interaction

You should be able to:

1.19 interact with other students/with other users of Irish (within and outside the school community)

1.20 respond to spontaneous messages during conversation

1.21 maintain communication and deal with difficulties in understanding

1.22 seek clarification or repetition

1.23 check, confirm and exchange information

1.24 carry out oral communication using digital technologies.

Writing

You should be able to:

1.25 create relevant texts (emails, blogs, accounts, creative texts and multi-modal texts) with an understanding of the audience

1.26 draft, review and redraft

1.27 share written material using digital technologies

1.28 express and explain personal opinions

1.29 respond personally to texts.

Strand 2: Language and cultural awareness

This strand is about noticing the accuracy and richness of the language, understanding the difference between Irish and English and thinking about how the Irish language works.

Focusing on how Irish works as a language

You should be able to:

2.1 recognise significant grammatical and syntactical differences between Irish and English to avoid inaccuracies

2.2 recognise personal mistakes in speaking and writing Irish and understand the reasons for these mistakes

2.3 recognise and use language patterns such as syntax, verbs and nouns

2.4 recognise and use correct spelling and punctuation

2.5 create a personal learning blog and record personal challenges relating to accurate use of language.

Fostering awareness of the culture of the language

You should be able to:

2.6 choose aspects of the culture of the Irish language to study and present in a modern and creative way

2.7 complete a project/oral presentation on aspects of the living culture of the Irish language.

Fostering awareness of bilingualism

You should be able to:

2.8 explore similarities and differences between plurilingual communities

2.9 demonstrate your personal journey towards plurilingualism.

Strand 3: Learner's self-awareness

Here you will focus on the best way to learn for you and on navigating each section of the course so that you can achieve your potential.

Developing self-understanding as a language learner

You should be able to:

3.1 recognise your personal learning style, and develop learning strategies in each of the skills to advance effective learning

3.2 use feedback to set out personal learning aims.

Developing self-directed learning

You should be able to:

3.3 make independent decisions as a learner

3.4 carry out self-assessment on progress

3.5 share feedback with other students on personal learning in language and learning skills

3.6 use language resources (dictionaries and online dictionaries, grammar books, spelling and grammar checkers, etc.).

Developing an understanding of personal motivation to learn the language

You should be able to:

3.7 demonstrate an understanding of your personal motivation to learn the language

3.8 use personal learning aims.

1 Introduction to CBA 1, CBA 2, the Assessment Task and the Written Exam

- To understand how to go about CBA 1 and CBA 2
- To understand the link between CBA 2 and the Assessment Task
- To become comfortable reflecting on your pieces of work

Junior Cycle Higher-Level Irish is assessed by the following:

CBA 1
CBA 2 } Junior Cycle Profile of Achievement

Assessment Task: 10 per cent (marked by the State Examinations Commission)
Written Exam: 90 per cent

MRB – *Measúnú Rangbhunaithe* = CBA – Classroom-Based Assessment

CBA 1

Pick three pieces of work from your *punann** (collection of work) over second and third year.

- One piece must be linked in some way to a piece of **literature** you have studied.
- One piece must be a **recording** of some sort – audio/video.
- The third piece can be **any other piece** where you think you did well.

Tips

- Pick your best work!
- These are corrected pieces of work, so make sure to ask your teacher how you can improve them.
- Make sure to do a short reflective piece on each. This will help you with the next CBA.

* Your *punann* can take the form of a hard-copy or online folder and is a collection of pieces of work you have done throughout second and third year. These will have been corrected by your teacher.

Results

One of these four results will appear on your Junior Cycle Profile of Achievement.

Exceptional	Very competent use of language to convey message.
	Excellent understanding of **target audience*** and type of communication demonstrated from start to finish.
	Very high standard of accuracy and richness of language, with evidence that the student is responsible and organised when making sure their work is accurate.
Above expectations	Competent use of language to communicate messages.
	Very good understanding of target audience and type of communication demonstrated.
	High degree of accuracy and richness of the language, with just the odd mistake remaining.
In line with expectations	Fairly competent use of language to convey message – message can be understood.
	Good understanding of target audience and the type of communication demonstrated.
	Evidence of work to improve accuracy and the richness of the language, despite some mistakes.
Yet to reach expectations	Limited use of the language, where it is hard to understand the message.
	Lack of understanding of the target audience and the type of communication demonstrated.
	Broken, limited language with lots of mistakes in sentence structure and grammar.

> * **Target audience**: whoever is looking at your piece. Have you got your message across?

CBA 2

This is your Communication Task – **you must speak** in this task.

Pick any topic from second or third year that you enjoyed and did well on – for example, school, family, sport, the cinema. You can also choose something linked to literature if there was a piece you particularly excelled at. You will have to make a presentation on it. This is a great opportunity to use your imagination and show off your Irish.

The choice of formats is very wide. You can use PowerPoint, an interview, a role play, a play, a conversation, etc.

You may do this task in a group, but you will be marked on your **own** performance only. If you choose to complete this in a group, each group member will be asked questions at the end.

INTRODUCTION TO CBA 1, CBA 2, THE ASSESSMENT TASK AND THE WRITTEN EXAM

You will have to answer a few questions after your presentation. You will not be given the questions in advance but, in preparation, you could brainstorm some questions you think you *might* be asked.

You must write a reflective piece after your CBA 2 to give to your teacher.

Results

One of these four results will appear on your Junior Cycle Profile of Achievement. These results will describe your Communication Task only, not your reflection.

Exceptional	Natural communication in terms of quality of vocabulary, fluent and accurate pronunciations.
	Excellent understanding of target audience. Excellent skill shown in communication and answering of questions.
	Very high standard of awareness of patterns and **syntax*** of the language. Self-correction where necessary.
Above expectations	Very good communication with a broad vocabulary and correct pronunciation.
	Very good understanding of target audience when speaking and responding to relevant questions.
	Very good awareness of sentence structure. Regular self-correction.
In line with expectations	Good communication with adequate vocabulary with some gaps here and there and some errors in pronunciation.
	Good understanding of the audience, but limited understanding when speaking and responding to relevant questions.
	Good awareness and understanding of language patterns and syntax with regular grammar mistakes.
Yet to reach expectations	Attempted communication, but big gaps in vocabulary and basic errors in vocabulary and pronunciation.
	Lack of understanding of target audience and fundamental errors when speaking and responding to relevant questions.
	Limited use of broken language with a lack of awareness of sentence structure.

* **Syntax**: sentence structure and order of sentence.

Writing a Reflection

You must be able to reflect on your work. This is especially important for CBAs, but it also strengthens your vocabulary in general.

You will receive a template similar to the ones below.

Reflection template for CBA 1

Aguisín A: Punann Teanga: Teimpléad do Nóta Machnamhach an scoláire

SCOIL: SCOLÁIRE:

ROGHNAIGH MÉ AN PÍOSA SEO MAR …

MACHNAMH AR MO CHUID OIBRE

RUDAÍ A D'FHOGHLAIM MÉ FAOIN TEANGA AGUS MÉ AG TABHAIRT FAOIN TASC⁴   GNÉ AMHÁIN A THUIGIM GO gCAITHFIDH MÉ DÍRIÚ ISTEACH UIRTHI ANOIS:

SCOLÁIRE: MÚINTEOIR: DÁTA:

Ag díriú anseo ar an bhfeasacht teanga agus ar an bhféinfheasacht mar fhoghlaimeoir teanga

Briathra úsáideacha	Useful verbs	Briathra úsáideacha	Useful verbs
An aimsir chaite	*Past tense*	*An aimsir fháistineach*	*Future tense*
cheistigh mé	I questioned	caithfidh mé	I must
d'fhoghlaim mé	I learned	déanfaidh mé	I will do/make
labhair mé	I spoke	díreoidh mé	I will focus
roghnaigh mé	I chose	eagróidh mé	I will organise
shocraigh mé	I decided	léifidh mé	I will read
thuig mé	I understood	úsáidfidh mé	I will use

INTRODUCTION TO CBA 1, CBA 2, THE ASSESSMENT TASK AND THE WRITTEN EXAM

Reflection template for CBA 2

Nathanna úsáideacha	Useful vocabulary
Chuidigh mo mhúinteoir liom.	My teacher helped me.
D'úsáid mé foclóir ar líne.	I used an online dictionary.
Rinne mé cleachtadh gach oíche.	I practised every night.
D'fhoghlaim mé go ndéanaim na botúin chéanna an t-am ar fad.	I learned I make the same mistakes all the time.
D'fhoghlaim mé níos mó faoi na haimsirí agus na huimhreacha.	I learned more about the tenses and numbers.
Caithfidh mé díriú ar an aimsir tháistineach mar níl sé cruinn agam go fóill.	I must focus on the future tense because I haven't mastered it yet.

Assessment Task

The Assessment Task is linked to CBA 2. It is a reflection piece. It will be sent to the State Examinations Commission to be marked.

You will complete this task over a double period (usually 80 minutes).

First 40 minutes

- **Read/listen to/watch** a sample piece from a designated list.
- **Discuss** the process of CBA 2.
- **Compare and contrast** your experience with the piece you have read/listened to/watched in groups/as a class/in pairs for **15 minutes**.
- Make note of some reflections that you come up with.

Preparation (25 minutes)
- Read the questions on the Assessment Task.
- Ask the teacher to explain them if you need to.
- Make short notes for yourself.
- Write down hints that may help you to study.
- DO NOT WRITE IN THE BOOKLET YET!

Second 40 minutes

- Bring in your reflection notes.
- The teacher cannot help you anymore.
- Here are some questions you might be asked.

Cuid A

Ceist 1 (a)
Scríobh síos teideal agus formáid an Taisc Chumarsáidigh a rinne tú.

Ceist 1 (b)
Cén fáth ar roghnaigh tú an Tasc Cumarsáideach áirithe sin?

Ceist 2 (a)
Mínigh bealach amháin inar chabhraigh an Tasc Cumarsáideach seo le d'fhoghlaim teanga.

Ceist 2 (b)
Mínigh cad a dhéanfá ar bhealach difriúil an chéad uair eile duit Tasc Cumarsáideach a chruthú.

Cuid B

Ceist 3
Smaoinigh ar an bpróiseas a bhain le cruthú an Taisc Chumarsáidigh agus scríobh alt gearr mar fhreagra ar dhá leid ón liosta leideanna atá leagtha síos.

(a) An chaoi ar úsáid mé cumarsáid éifeachtach a bhí oiriúnach don spriocghrúpa
(b) An chaoi ar chabhraigh píosa áirithe aiseolais le m'fhoghlaim teanga
(c) An chaoi ar tháinig forbairt ar mo chruinneas i bhfuaimniú focail Ghaeilge
(d) An chaoi ar chabhraigh idirghníomhaíocht le húsáideoirí teanga eile le m'fhoghlaim teanga

INTRODUCTION TO CBA 1, CBA 2, THE ASSESSMENT TASK AND THE WRITTEN EXAM

Possible answers

You can use answers similar to those below for any of the reflections.

Cuid A

1 (a) Scríobh síos teideal agus formáid an Taisc Chumarsáidigh a rinne tú.
Formáid: Cur i láthair/Dráma/Agallamh/Comhrá/Óráid/Rólimirt

1 (b) Cén fáth ar roghnaigh tú an Tasc Cumarsáideach áirithe sin?
Roghnaigh mé [formáid] a dhéanamh ar [ábhar] mar:

- Is maith liom an teicneolaíocht. Tá sé níos éasca ábhar a dhéanamh nuair a bhaineann tú taitneamh as. Táim compordach ag labhairt faoin ábhar seo mar tá a lán eolais agam air.
- Bhí mé ag iarraidh níos mó a fhoghlaim faoin ábhar seo. Is maith liom taighde a dhéanamh agus rudaí nua a fhoghlaim.
- Chonaic mé i gceolchoirm an samhradh seo caite iad agus bhí siad ar fheabhas. Tá cuimhní cinn maithe agam ar an lá sin.
- Is aoibhinn liom a bheith ag imirt gailf. Imrím galf gach seachtain agus táim i mo bhall den chlub gailf áitiúil.
- Is í Katie Taylor mo laoch. Ceapaim gur duine thar a bheith sciliúil í. Tugann sí inspioráid dom.
- Is maith liom a bheith ag caint agus ag comhrá. Is duine fuinniúil agus cainteach mé agus mar sin ghlac mé leis an seans cur i láthair/dráma/ agallamh/comhrá/óráid a dhéanamh.
- Is breá liom a bheith ag obair le daoine eile. Ghlac mé leis an seans oibriú le mo chara mar tá suim ag an mbeirt againn sa pheil Ghaelach agus imrímid ar an bhfoireann chéanna. Is maith liom tacaíocht a bheith agam ó dhuine eile agus smaointe difriúla freisin.
- Is maith liom a bheith ag obair leis an teicneolaíocht agus ag déanamh físeán ar YouTube. Mar sin bhí sceitimíní orm físeán Gaeilge a dhéanamh.
- Ní maith liom a bheith ag obair le daoine eile. B'fhearr liom m'obair féin a dhéanamh le mo smaointe féin. Is maith liom smacht a choinneáil ar mo chuid oibre.

2 (a) Mínigh bealach amháin inar chabhraigh an Tasc Cumarsáideach seo le d'fhoghlaim teanga.

- Bhí orm focail nua a fhoghlaim faoin topaic seo. Bhí seans agam foclóir ar líne a úsáid agus chabhraigh sé sin go mór liom.
- D'fhoghlaim mé nach raibh mé eagraithe ar chor ar bith agus go raibh sé i bhfad níos éasca an Ghaeilge a fhoghlaim nuair a bhí do chuid nótaí go deas néata le chéile.
- Tá níos mó féinmhuiníne agam anois i labhairt na Gaeilge. Tuigim anois go bhfuil sé tábhachtach stór focal a chleachtadh os ard chun fuaimniú

agus cruinneas a fheabhsú. Cleachtadh a dhéanann máistreacht, mar a déarfá!

- Bhí an t-aiseolas ón múinteoir úsáideach. Chonaic mé go raibh mé ag déanamh na mbotún céanna an t-am ar fad. D'oibrigh mé go dian chun é sin a athrú.

- Tuigim anois go bhfuil sé tábhachtach do chuid Gaeilge a chleachtadh agus a úsáid agus go bhfeabhsaíonn saibhreas na Gaeilge le cleachtadh.

2 (b) Mínigh cad a dhéanfá* ar bhealach difriúil an chéad uair eile duit Tasc Cumarsáideach a chruthú.

- Dhéanfainn iarracht níos mó cleachtaidh a dhéanamh chun m'fhuaimniú/mo ghramadach/mo líofacht/mo shaibhreas a fheabhsú.

- Chaithfinn níos mó ama ag cur nótaí le chéile ionas go mbeadh go leor le rá agam.

- D'oibreoinn i ngrúpa an chéad uair eile mar bhí tacaíocht agus smaointe úra uaim ó am go chéile.

- Gheobhainn níos mó treorach agus aischothaithe ón múinteoir mar bhí mé faoi bhrú nuair a d'fhág mé an t-aiseolas go dtí an deireadh.

- Ba chóir go mbeadh níos mó eolais agam chomh maith le cúpla pictiúr chun samhlaíocht mo spriocghrúpa a spreagadh.

- D'athróinn an fhormáid. Ba chóir dom sleamhnáin a dhéanamh ar PowerPoint mar is maith liom an teicneolaíocht.

- D'oibreoinn i m'aonar. Bhí gach duine i mo ghrúpa ag troid an t-am ar fad agus bhí sé deacair oibriú le chéile. Dhéanfainn ní b'fhearr i m'aonar agus bheadh sé i bhfad ní b'éasca.

* Conditional

Cuid B

3. Smaoinigh ar an bpróiseas a bhain le cruthú an Taisc Chumarsáidigh agus scríobh alt gearr mar fhreagra ar dhá leid ón liosta leideanna atá leagtha síos.

   (a) An chaoi ar úsáid mé cumarsáid éifeachtach a bhí oiriúnach don spriocghrúpa

   (b) An chaoi ar chabhraigh píosa aiseolais áirithe le m'fhoghlaim teanga

   (c) An chaoi ar tháinig forbairt ar mo chruinneas i bhfuaimniú focail Ghaeilge

   (d) An chaoi ar chabhraigh idirghníomhaíocht le húsáideoirí teanga eile le m'fhoghlaim teanga

INTRODUCTION TO CBA 1, CBA 2, THE ASSESSMENT TASK AND THE WRITTEN EXAM

(a)
- Bhain mé úsáid as PowerPoint deas soiléir chun m'ábhar a mhíniú do mo rang agus do mo mhúinteoir. Chuir mé pictiúir ildaite isteach anseo is ansúid chun cabhrú liom mo phointí a mhíniú.
- Smaoinigh mé orm féin agus ar mo chairde agus ar shoiléireacht mo phíosa. D'úsáid mé Gaeilge nach raibh róchasta d'éinne.
- Bhain mé féin agus mo ghrúpa úsáid as greann agus feistis chun suim mo ranga a spreagadh.

(b)
- Thug mé an chéad dréacht don mhúinteoir. D'aimsigh sí an-chuid botúin ghramadaí i mo phíosa. Mhínigh sí dom conas na botúin a cheartú. Ghlac mé nótaí agus chuaigh mé siar ar mo chuid oibre agus cheartaigh mé í.
- Thug an múinteoir faoi deara nach raibh go leor nathanna cainte ann chun saibhreas na Gaeilge a thaispeáint. Mhol sí dom dul siar agus frásaí sa bhreis a chur isteach.
- Léigh mé an píosa amach do mo chairde. Luaigh siad liom go raibh fuaimniú mícheart agam anseo is ansúid. Rinne mé iarracht é sin a fheabhsú. Rinne me taifead den fhuaimniú ceart agus d'éist mé leis arís is arís eile.
- Dúirt an múinteoir liom go raibh mo ghramadach cruinn agus go raibh struchtúr na n-abairtí déanta go maith agam. Bhí mé an-sásta liom féin mar chuir mé obair na gcapall isteach.
- Mhol an múinteoir dom dul siar ar mo chuid oibre i gcónaí agus cleachtadh a dhéanamh, go háirithe ar m'fhéinmhuinín agus mé ag léamh amach mo phíosa. Dúirt sí liom go raibh mé lánábalta mo phíosa a léamh agus gan a bheith neirbhíseach. Thug sí misneach dom.

(c)
- Mhúin an múinteoir dúinn go léir conas focail áirithe a rá. Mhol sí dúinn taifead a dhéanamh agus éisteacht leis an taifead chun cleachtadh a dhéanamh.
- Chabhraigh mo dheirfiúr liom sa bhaile. Is cainteoir Gaeilge iontach í agus thug sí tacaíocht agus comhairle dom ó thaobh an fhuaimnithe de.
- Tá neart acmhainní ar fáil anois ar líne agus bhain mé úsáid as teanglann.ie agus Duolingo chun mo chuid fuaimnithe a chleachtadh.

(d)
- Rinne mé iarracht an Ghaeilge a labhairt sa rang agus ag am lóin le mo chairde. Chabhraigh sé sin liom mar ní raibh mé neirbhíseach tar éis tamaill.

- Labhair an múinteoir Gaeilge liom beagnach an t-am ar fad. Chuir sé sin brú orm triail a bhaint as mo chuid Gaeilge. D'éirigh níos fearr liom tar éis tamaill mar d'fhoghlaim mé frásaí nua agus d'fhás mo chuid féinmhuiníne gach lá.
- Ag an tús bhí mé neirbhíseach ach anois is maith liom a bheith ag caint agus ag comhrá as Gaeilge le mo chairde anois is arís agus tá mé i bhfad níos compordaí ag labhairt Gaeilge sa rang.

CBA 1 and CBA 2 samples can be found at www.curriculumonline.ie

Samples of student work can be found at www.curriculumonline.ie/Junior-cycle/Junior-Cycle-Subjects/Gaeilge-T2-L2/Samples-of-student-work-Gaeilge-T2/MRB1-Samples-of-student-work-Gaeilge-T2

Sample Reflection

Cuid A

1 (a) Scríobh síos teideal agus formáid an Taisc Chumarsáidigh a rinne tú.
Teideal: Mo Chaitheamh Aimsire   **Formáid:** Cur i láthair

1 (b) Cén fáth ar roghnaigh tú an Tasc Cumarsáideach áirithe sin?

Roghnaigh mé cur i láthair a dhéanamh ar mo chaitheamh aimsire mar is maith liom a bheith ag caint agus ag comhrá. Is duine fuinniúil agus cainteach mé agus mar sin ghlac mé leis an seans cur i láthair a dhéanamh. Is maith liom mo chaitheamh aimsire. Tá sé níos éasca ábhar a dhéanamh nuair a bhaineann tú taitneamh as. Táim compordach ag labhairt faoin ábhar seo mar tá a lán eolais agam air.

2 (a) Mínigh bealach amháin inar chabhraigh an Tasc Cumarsáideach seo le d'fhoghlaim teanga.

Tá níos mó féinmhuiníne agam anois i labhairt na Gaeilge. Tuigim anois go bhfuil sé tábhachtach stór focal a chleachtadh os ard chun fuaimniú agus cruinneas a fheabhsú. Cleachtadh a dhéanann máistreacht, mar a déarfá!

2 (b) Mínigh cad a dhéanfá ar bhealach difriúil an chéad uair eile duit Tasc Cumarsáideach a chruthú.

Dhéanfainn iarracht níos mó cleachtaidh a dhéanamh chun m'fhuaimniú a fheabhsú. Chomh maith leis sin, chaithfinn níos mó ama ag cur nótaí le chéile ionas go mbeadh go leor le rá agam.

INTRODUCTION TO CBA 1, CBA 2, THE ASSESSMENT TASK AND THE WRITTEN EXAM

Cuid B

3. Smaoinigh ar an bpróiseas a bhain le cruthú an Taisc Chumarsáidigh agus scríobh alt gearr mar fhreagra ar dhá leid ón liosta leideanna atá leagtha síos.

   (a) An chaoi ar úsáid mé cumarsáid éifeachtach a bhí oiriúnach don spriocghrúpa

   (b) An chaoi ar chabhraigh píosa áirithe aiseolais le m'fhoghlaim teanga

   (c) An chaoi ar tháinig forbairt ar mo chruinneas i bhfuaimniú focail Ghaeilge

   (d) An chaoi ar chabhraigh idirghníomhaíocht le húsáideoirí teanga eile le m'fhoghlaim teanga

   (a) Bhain mé úsáid as PowerPoint deas soiléir chun m'ábhar a mhíniú do mo rang agus do mo mhúinteoir. Chuir mé pictiúir ildaite isteach anseo is ansúid chun chabhrú liom mo phointí a mhíniú. Rinne mé iarracht labhairt go mall agus go soiléir ionas go dtuigfeadh gach duine sa seomra mo phíosa. Thug mé seans do na daltaí eile ceisteanna a chur orm ag deireadh mo phíosa.

   (c) Chabhraigh mo dheirfiúr liom sa bhaile. Is cainteoir Gaeilge iontach í agus thug sí tacaíocht agus comhairle dom ó thaobh fuaimnithe de. Chomh maith leis sin, bhain mé úsáid as Duolingo. Chuir mé ceisteanna ar an múinteoir nuair nach raibh mé cinnte faoi fhuaimniú focail áirithe.

2 The Written Exam

The written exam is worth 90 per cent of your grade.

Format and Timing

Slight variations can be expected in the number of marks per section. The information given below is approximate.

key point

Assessment Task	10 per cent
Written paper	90 per cent
Listening	15 per cent
Reading	22 per cent
Literature	30 per cent
Writing	16 per cent
Grammar	7 per cent

Component	Marks	Timing
Listening	45 marks	12 minutes
Reading	65 marks	23 minutes
Literature 1	40 marks	23 minutes
Grammar	10 marks	4 minutes
Literature 2	25 marks	15 minutes
Writing	50 marks	20 minutes
Literature 3	25 marks	14 minutes
Grammar	10 marks	4 minutes
Look back over your answers		5 minutes*
Total	**270 marks**	**120 minutes**

* You may prefer to use your spare five minutes to read over the paper at first. Sometimes this can be helpful in getting information organised in your head.

exam focus

The grammar percentage may seem small, but don't neglect grammar. Accurate grammar will enhance your answers throughout the paper.

THE WRITTEN EXAM

Guidelines

- Read the instructions on the paper very carefully.
- Read each question very carefully. Use a coloured pen to highlight the question words.
- Keep an eye on how many marks are going for each question. Don't spend too long on a question that is not worth a lot of marks.
- Where possible, use all of the space given to answer a question. If you have more to say, use the section at the back. Label your answer carefully with the correct question number.
- Write in full sentences at all times – there are marks going for grammar.
- Use the 'Ransú smaointe' boxes to make a brief plan before you start a long answer.
- The 'Ransú smaointe' boxes are useful for jotting down quotes, phrases and expressions before you start.
- Label your points. If asked for two points in an answer, use 'P1' and 'P2', for example.

3 Listening

- To eliminate fear of the listening exam
- To have a clear plan for approaching the listening section
- To use vocabulary from this section across the whole exam

Guidelines

The listening exam is worth approximately 15 per cent of your grade. There are four possible question types.

1. A recording of someone speaking about themselves, their family or their interests (**píosa cainte**)
2. An announcement from someone like a principal or manager (**fógra**)
3. A news item with details of something that has happened (**píosa nuachta**)
4. A conversation between two people about any topic – music, school, cinema, technology, environment, family, etc. (**comhrá**)

- You will hear each question twice.
- Most questions will require a written answer.
- For some questions, you will have to tick a box.
- Answers must be in Irish.
- Write down key words while listening and finish the sentences in the time given after each section.
- Spell words phonetically if you are not sure of them.
- Do not leave any blanks.

Preparation
- Watch TG4 and listen to Raidió na Gaeltachta.
- Listen to old exam recordings, even the old Junior Cert ones. This will help you become familiar with Junior Cycle vocabulary.
- Follow some influencers on social media who promote and speak Irish!

Píosa cainte

1. Follow instructions and read each question carefully. This will give you an idea of what sort of vocabulary to expect.
2. Don't let names confuse you, like Iarlaith in the SEC Sample Paper 2020 (see p. 20).
3. Highlight the question words.
4. Try your best with spelling. Marks can be deducted for bad spelling and grammar.
5. Be careful with instructions. For example, in the SEC Sample Paper 2020, you had to tick **two** answers for Question 1 (c) (see p. 20).
6. The size of the answer space gives you an idea of how much you should write.
7. Numbers and dates do not have to be written as words.
8. Keep your work neat and tidy!

Fógra

1. One person will be speaking in this type of question.
2. Looking at the questions will give you a good idea of the topic. For example, 'scoil' is mentioned in Question 2 (b) of the SEC Sample Paper 2020 (see p. 21), so the person must be speaking about a school-related subject.
3. Highlight the question words and do your best with spelling and grammar.

Píosa nuachta

1. This will generally describe an event. By looking at the questions you can figure out what topic(s) the event is linked to.
2. If you are asked for your opinion, include evidence from the piece to back up your answer (look at Question 3 (c) in the SEC Sample Paper 2020, for example – see p. 21).

Comhrá

1. This will involve two people talking about a topic. It could be holidays, school, a film, a book, an accident or something else.
2. Underline what you are being asked. Again, the questions will give you an idea about the topic that is being discussed. Use the time you are given to read through them.

Key Vocabulary

Question vocabulary

Cad/Céard …?	What …?	Cé …?	Who …?
Cén fáth/Cad chuige …?	Why …?	Conas/Cén chaoi …?	How …?
Cad as …?	Where from …?	Cá fhad …?	How long …?
Cathain …?	When …?	Cén uair/t-am …?	What time …?
Cá/Cár …?	Where …?	Cén áit …?	Which place …?
Cén sórt/saghas …?	What type …?	Cén ceann …?	Which one …?
Cé mhéad …?	How much/many …?	Cén aois …?	What age …?
Cá bhfios duit …?	How do you know …?	Cad a tharla …?	What happened …?
Cá bhfuil …?	Where is …?	Cé chomh minic …?	How often …?
Cén sloinne …?	What surname …?	Cén seoladh …?	What address …?
Cad a dhéanann …?	What does … do?	Cad a deir …?	What does … say?
Luaigh …	Mention …	Ainmnigh …	Name …
Déan cur síos ar …	Describe …	Breac/Scríobh síos …	Write down …
Tabhair píosa amháin eolais faoi …	Give one piece of information on/about …	Cuir tic …	Put a tick …

Gaeltacht places

Cúige Uladh	Cúige Chonnacht	Cúige Mumhan	Cúige Laighean
Gaoth Dobhair	An Cheathrú Rua	An Rinn	Ráth Chairn
Rann na Feirste	An Daingean	Baile an Fheirtéaraigh	
	Indreabhán	Baile Bhuirne	
	Inis Oírr	Ceann Trá	
	Leitir Móir	Dún Chaoin	
	Oileáin Árann		
	Ros Muc		
	An Spidéal		

Say these out loud to become familiar with them.

LISTENING

Counties of Ireland

Laighin	Cúige Laighean
Baile Átha Cliath	Contae Átha Cliath
Ceatharlach	Contae Cheatharlach
Cill Chainnigh	Contae Chill Chainnigh
Cill Dara	Contae Chill Dara
Cill Mhantáin	Contae Chill Mhantáin
an Iarmhí	Contae na hIarmhí
Laois	Contae Laoise
Loch Garman	Contae Loch Garman
an Longfort	Contae an Longfoirt
an Lú	Contae Lú
an Mhí	Contae na Mí
Uíbh Fhailí	Contae Uíbh Fhailí
Mumhain	**Cúige Mumhan**
Ciarraí	Contae Chiarraí
an Clár	Contae an Chláir
Corcaigh	Contae Chorcaí
Luimneach	Contae Luimnigh
Port Láirge	Contae Phort Láirge
Tiobraid Árann	Contae Thiobraid Árann
Connachta	**Cúige Chonnacht**
Gaillimh	Contae na Gaillimhe
Liatroim	Contae Liatroma
Maigh Eo	Contae Mhaigh Eo
Ros Comáin	Contae Ros Comáin
Sligeach	Contae Shligigh
Ulaidh	**Cúige Uladh**
Aontroim	Contae Aontroma
Ard Mhacha	Contae Ard Mhacha
an Cabhán	Contae an Chabháin
Doire	Contae Dhoire
an Dún	Contae an Dúin
Dún na nGall	Contae Dhún na nGall
Fear Manach	Contae Fhear Manach
Muineachán	Contae Mhuineacháin
Tír Eoghain	Contae Thír Eoghain

Countries

Éire	Ireland	Sasana	England
an Bhreatain Bheag	Wales	Albain	Scotland
an Fhrainc	France	an Ghréig	Greece
an Iodáil	Italy	an Spáinn	Spain
an Túirc	Türkiye	an India	India
an tSeapáin	Japan	an tSín	China
an Astráil	Australia	Meiriceá	America

Organisations

Conradh na Gaeilge	Foras na Gaeilge
Gael Linn	Glór na nGael
Raidió na Gaeltachta	Raidió na Life

Watch out for these numbers, which often cause confusion:
- fiche = 20
- scór = 20
- caoga/leathchéad = 50

Other useful terms

post/slí beatha	job	aire	minister
aisteoir	actor	amhránaí	singer
file	poet	iriseoir	journalist
scríbhneoir	writer	comórtas	competition
féile	festival	lá/oíche oscailte	open day/night
seoladh	launch	seó faisin	fashion show
seó tallaine	talent show	imeacht	event
ócáid	occasion	óráid	speech
agallamh	interview	comhlacht	company
dualgas	duty	eagraíocht	organisation
iarratas	application	tionscadal	project
ar díol	for sale	ar cíos	for rent
ar fáil	available	coicís	fortnight
cúis	reason	duais	prize
éifeacht	effect	fadhb	problem
logainm	placename	suíomh gréasáin	website
táille	fee	timpiste	accident
dearfach	positive	diúltach	negative

Dialects of Ireland

There are three main dialects in the Irish language. All three of them will feature on the listening exam.
- Connacht
- Munster
- Ulster

English	Canúint Chonnacht	Canúint na Mumhan	Canúint Uladh
How …?	Cén chaoi …?	Conas …?	Cén dóigh …?
What …?	Céard …?	Cad …?	Cad é …?
Why …?	Cén fáth …?	Canathaobh …?	Cad chuige …?
How are you?	Cén chaoi a bhfuil tú?	Conas atá tú?/ Conas taoi?	Cad é mar atá tú?
every	chuile	gach	achan
look/watch	féach	féach	amharc
minute	nóiméad	nóiméad	bomaite
nothing	tada	faic	a dhath

Some tips for dialects
- In Ulster Irish, *-adh* sounds like *ú* – *ag glanadh* = *ag glanú*.
- In Ulster Irish, *á* is not stressed as strongly as in other dialects.
- In Ulster Irish, *dh* at the start of a word sounds like *y* – *dhá* = *ya* and *mo dheirfiúr* = *mo yerfur*.
- In Munster Irish, the stress is generally on the second syllable. This is not the case in Ulster or in Connacht Irish.

Listen to past listening exercises. This will help you tune in to any dialects you are unfamiliar with. They can be found on www.examinations.ie

Sample Questions

Audioscripts for the following sample questions can be found on pp. 184–90.

Scan this QR code to hear the audio

Sample question 1
Ceist 1 (8 marc)

Cloisfidh tú píosa cainte sa cheist seo. Cloisfidh tú an píosa cainte **faoi dhó**. Beidh sos ann leis na freagraí a scríobh tar éis na chéad éisteachta agus tar éis an dara héisteacht.

(a) Cá háit a bhfuil Iarlaith ina chónaí?

(b) Cé mhéad deartháir atá ag Iarlaith?

(c) Cad a dhéanann Séamas **agus** Eoin, deartháireacha Iarlaith?
Cuir **tic (✔)** leis an **dá** fhreagra chearta.

Is ceoltóir é Séamas. ☐

Is innealtóir é Séamas. ☐

Is innealtóir é Eoin. ☐

Is mac léinn é Eoin. ☐

(d) Tabhair píosa amháin eolais a thugann le fios dúinn go bhfuil an-spéis ag Iarlaith i gceol tíre.

Ceist 2 (6 mharc)

Cloisfidh tú fógra sa cheist seo. Cloisfidh tú an fógra **faoi dhó**. Beidh sos ann leis na freagraí a scríobh tar éis na chéad éisteachta **agus** tar éis an dara héisteacht.

(a) Cé atá ag caint san fhógra seo?

(b) Cén fáth a mbeidh an scoil dúnta amárach?

(c) Cathain a osclófar an scoil arís?

Ceist 3 (6 mharc)

Cloisfidh tú píosa nuachta sa cheist seo. Cloisfidh tú an píosa nuachta **faoi dhó**. Beidh sos ann leis na freagraí a scríobh tar éis na chéad éisteachta **agus** tar éis an dara héisteacht.

(a) Céard é Páirc Fhoraoise Loch Cé?

(b) Luaigh imeacht **amháin** ar féidir a dhéanamh i bPáirc Fhoraoise Loch Cé.

(c) Ar mhaith leat féin cuairt a thabhairt ar Pháirc Fhoraoise Loch Cé? Tabhair pointe **amháin** eolais mar thacaíocht le do fhreagra.

Ceist 4 (10 marc)

Cloisfidh tú comhrá sa cheist seo. Cloisfidh tú an comhrá **faoi dhó**. Cloisfidh tú an comhrá ó thosach deireadh an chéad uair. Ansin cloisfidh tú ina **dhá** mhír é. Beidh sos ann leis na freagraí a scríobh tar éis gach míre díobh.

Mír 1

(a) Cá bhfuil Máire agus Tomás?

(b) Cén rud is fearr le Máire faoin tsiopadóireacht?

Mír 2

(c) Cá bhfuil Tomás agus a chol ceathracha ag dul anois?

(d) Cad a deir Máire i dtaobh Brie Larson?

SEC Sample Paper 2020

LISTENING 23

Scan this QR code to hear the audio

Sample question 2
Ceist 1 (15 mharc)

Cloisfidh tú píosa cainte sa cheist seo. Cloisfidh tú an píosa cainte **faoi dhó**. Beidh sos ann leis na freagraí a scríobh tar éis na chéad éisteachta agus tar éis an dara héisteacht.

(a) Cén bhliain ina bhfuil Áine ar scoil? Cuir **tic (✔)** leis an bhfreagra ceart.

- An chéad bhliain ☐
- An dara bliain ☐
- An tríú bliain ☐

(b) Luaigh spórt **amháin** a imríonn Áine.

(c) Cén scór a fuair Áine sa chluiche anuraidh?

> You can write scores/times/dates in numbers or words.

(d) Cad a tharla d'Áine roimh dheireadh an chluiche?

> Write full-sentence answers wherever possible. Jot down the main points on the first listen and build the sentence after the second listen.

Ceist 2 (15 mharc)

Cloisfidh tú fógra sa cheist seo. Cloisfidh tú an fógra **faoi dhó**. Beidh sos ann leis na freagraí a scríobh tar éis na chéad éisteachta agus tar éis an dara héisteacht.

(a) Cá háit a bhfuil Áras an Cheoil?

(b) Cad a bheidh ar siúl idir 6.30 – 8.00 i.n. ag Altan agus ag ceoltóirí an bhaile? Cuir **tic (✔)** leis an bhfreagra ceart.

　　　Ranganna ceoil　　　☐

　　　Físeán ceoil　　　　☐

　　　Seisiún ceoil　　　　☐

(c) Ainmnigh **dhá** uirlis cheoil atá luaite.

1:
2:

(d) Cé mhéad a chosnóidh cúig rang ceoil?

LISTENING

Ceist 3 (15 mharc)

Cloisfidh tú comhrá sa cheist seo. Cloisfidh tú an comhrá **faoi dhó**. Cloisfidh tú an comhrá ó thús deireadh an chéad uair. Ansin cloisfidh tú ina **dhá** mhír é. Beidh sos ann leis na freagraí a scríobh tar éis gach míre díobh.

Mír 1

(a) Cé mhéad airgid atá á lorg ag Ruairí? Cuir **tic (✔)** leis an bhfreagra ceart.

- €8 ☐
- €18 ☐
- €80 ☐
- €88 ☐

(b) Cén fáth a bhfuil airgead á lorg ag Ruairí?

Mír 2

(c) Luaigh **dhá** ábhar a bhfuair Ruairí teip iontu.

1:
2:

(d) Scríobh síos rud **amháin** a dhéanfaidh Ruairí má thugann a Mham seans eile dó.

There were just three questions in this section in 2022. Keep in mind that the format could vary in future. Expect three or four questions.

SEC Exam Paper 2022

Scan this QR code to hear the audio

Sample question 3

Ceist 1 (15 mharc)

Cloisfidh tú píosa cainte sa cheist seo. Cloisfidh tú an píosa cainte **faoi dhó**. Beidh sos ann leis na freagraí a scríobh tar éis na chéad éisteachta **agus** tar éis an dara héisteacht.

(a) Cá bhfuil Breandán ina chónaí?

(b) Cén bhliain ar scoil ina bhfuil Breandán?

(c) Cad ba mhaith le Breandán a dhéanamh tar éis scoile? Cuir **tic (✔)** leis an bhfreagra ceart.

- Ba mhaith leis a bheith ina fheirmeoir. ☐
- Ba mhaith leis a bheith ina innealtóir. ☐
- Ba mhaith leis a bheith ina ealaíontóir. ☐

(d) Cén fáth a bhfuil spórt tábhachtach i saol an duine óig, dar le Breandán?

Ceist 2 (15 mharc)

Cloisfidh tú fógra sa cheist seo. Cloisfidh tú an fógra **faoi dhó**. Beidh sos ann leis na freagraí a scríobh tar éis na chéad éisteachta **agus** tar éis an dara héisteacht.

(a) Cé atá ag caint san fhógra seo?

(b) Cathain a bheidh an lá spóirt ar siúl?

(c) Cad iad an dá rud ar chóir do dhaltaí a chaitheamh ar an lá?

(d) Cá mbeidh rás na múinteoirí in aghaidh na ndaltaí ar siúl?

Ceist 3 (15 mharc)

Cloisfidh tú comhrá sa cheist seo. Cloisfidh tú an comhrá **faoi dhó**. Cloisfidh tú an comhrá ó thús deireadh an chéad uair. Ansin cloisfidh tú ina **dhá** mhír é. Beidh sos ann leis na freagraí a scríobh tar éis gach míre díobh.

Mír 1
(a) Cá raibh Caitríona aréir?

(b) Cén gearán a bhí ag athair Chaitríona faoin scannán?

Mír 2
(c) Cad a deir Séamas faoin bpictiúrlann nua sa bhaile?

(d) Cén praghas atá ar na ticéid don phictiúrlann anois?

Sample question 4

Ceist 1 (15 mharc)

Cloisfidh tú píosa cainte sa cheist seo. Cloisfidh tú an píosa cainte **faoi dhó**. Beidh sos ann leis na freagraí a scríobh tar éis na chéad éisteachta **agus** tar éis an dara héisteacht.

(a) Cá háit a bhfuil Aislinn ina cónaí?

(b) Luaigh dhá rud a dhéanann Aislinn ag an deireadh seachtaine.

(c) Ar mhaith leat a bheith i do chónaí i gceantar cosúil leis sin, mar dhuine óg? Cén fáth?

Scan this QR code to hear the audio

Ceist 2 (15 mharc)

Cloisfidh tú fógra sa cheist seo. Cloisfidh tú an fógra **faoi dhó**. Beidh sos ann leis na freagraí a scríobh tar éis na chéad éisteachta **agus** tar éis an dara héisteacht.

(a) Cad a bheidh ar siúl i bPáirc an Chrócaigh ag an deireadh seachtaine?

(b) Ainmnigh foireann amháin a bheidh ag imirt.

(c) Cad a mholtar don lucht tacaíochta san fhógra seo?

Ceist 3 (15 mharc)

Cloisfidh tú comhrá sa cheist seo. Cloisfidh tú an comhrá **faoi dhó**. Cloisfidh tú an comhrá ó thús deireadh an chéad uair. Ansin cloisfidh tú ina **dhá** mhír é. Beidh sos ann leis na freagraí a scríobh tar éis gach míre díobh.

Mír 1

(a) Cá raibh Ultan ar feadh trí seachtaine?

(b) Luaigh dhá rud a rinne Ultan sa Ghaeltacht.

Mír 2

(c) Cén bia nár thaitin le hUltan sa Ghaeltacht?

(d) Ar mhaith leatsa dul chuig an nGaeltacht seo? Tabhair **dhá** fháth.

Sample question 5

Ceist 1 (15 mharc)

Cloisfidh tú píosa cainte sa cheist seo. Cloisfidh tú an píosa cainte **faoi dhó**. Beidh sos ann leis na freagraí a scríobh tar éis na chéad éisteachta agus tar éis an dara héisteacht.

(a) Cá bhfuil Seán ina chónaí?

> Listen carefully for the names of towns, cities or counties.

(b) Scríobh síos **dhá** phointe eolais faoi dheirfiúr Sheáin.

1:
2:

> Use full sentences, beginning with a verb.

(c) Cén spórt a bhfuil suim mhór ag Seán ann?

(d) Cad ba mhaith le Seán a dhéanamh lá éigin?
Cuir **tic (✔)** leis an bhfreagra ceart.

Dul chuig an linn snámha ar a sé a chlog ar maidin. ☐

Haca a imirt le foireann na hÉireann sna Cluichí Oilimpeacha. ☐

Snámh ar son na hÉireann sna Cluichí Oilimpeacha. ☐

LISTENING 31

Ceist 2 (15 mharc)

Cloisfidh tú píosa nuachta sa cheist seo. Cloisfidh tú an píosa nuachta **faoi dhó**. Beidh sos ann leis na freagraí a scríobh tar éis na chéad éisteachta agus tar éis an dara héisteacht.

(a) Cén aois í Róise Bean Uí Néill inniu?

> This will be a number between 1 and 100.

(b) Cé a sheol an litir speisialta chuig Róise Bean Uí Néill?
   Cuir **tic** (✔) leis an bhfreagra ceart.

   A cuid páistí ☐
   A cuid garpháistí ☐
   Uachtarán na hÉireann ☐

(c) Cá háit a bhfuil Róise Bean Uí Néill ina cónaí?
   Cuir **tic** (✔) leis an bhfreagra ceart.

   Lena páistí i Meiriceá ☐
   Lena garpháistí san Astráil ☐
   Ar Árainn Mhór, i gCo. Dhún na nGall ☐

(d) Cé mhéad garpháiste atá ag Róise?
   Cuir **tic** (✔) leis an bhfreagra ceart.

   Ceathrar ☐
   Deichniúr ☐
   Fiche ☐

(e) Cad a bheidh ar siúl i halla an phobail anocht?

> Use the question to structure your answer: 'Beidh ... ar siúl i halla an phobail anocht.'

Ceist 3 (15 mharc)

Cloisfidh tú comhrá sa cheist seo. Cloisfidh tú an comhrá **faoi dhó**. Cloisfidh tú an comhrá ó thús deireadh an chéad uair. Ansin cloisfidh tú ina **dhá** mhír é. Beidh sos ann leis na freagraí a scríobh tar éis gach míre díobh.

Mír 1

(a) Cad air a raibh Síle ag féachaint ar an teilifís?

Cuir **tic (✔)** leis an bhfreagra ceart.

- Ar scannán ☐
- Ar réamhaisnéis na haimsire ☐
- Ar Thír na nÓg ☐

(b) Tabhair pointe **amháin** eolais faoin aimsir anocht.

> The piece will play twice, so get as much as you can written down during the first listen. Then finish it off during the second listen.

Mír 2

(c) Cá rachaidh Síle agus a cairde anocht?

(d) Tabhair **dhá** phointe eolais faoi Thír na nÓg.

1:
2:

SEC Exam Paper 2023

4 Reading

- To complete the reading comprehension without wasting time
- To gain an understanding of the reading passage
- To be able to write answers in your own words
- To become familiar with opinion vocabulary and use it throughout the exam

Guidelines

The reading question is worth approximately 22 per cent of your grade. It is worth around 65 marks. Don't spend longer than 25 minutes on this section.

There are four possible question types.

1 Tick-the-box questions
2 Questions requiring one-sentence answers
3 Questions requiring two- or three-sentence answers with evidence from the text
4 Questions requiring two- or three-sentence answers giving your personal opinion on a topic from the text

- Read the questions and highlight what you are being asked. The answer may not have the same wording as the question.
- Read the first question and highlight the answer in the piece.
- Do the same for all of the other questions.
- Go back and tick the correct box or write out the answers.

Highlighting the answers will give you a visual sense of the main points of the piece. Also, when you go back to write out your answers, you may discover you were wrong and need to adjust your response.

- Get a good knowledge of common vocabulary related to reading comprehension topics. Some of it is likely to come up!
- Practise finding the answers in textbooks and sample exam papers. Get your technique right!
- Practise writing answers in your own words wherever you can. This is a good habit to get into and will help you across the paper.

Key Vocabulary

Question vocabulary

> For more question vocabulary, see p. 16.

An dóigh leat …?	Do you think …?	An gceapann tú …?	Do you think …?
Cén fáth, dar leat, …?	Why, in your opinion, …?	Cad é do thuairim ar …?	What is your opinion on …?
Dar leat …	In your opinion …	Cén ráiteas …?	Which statement …?
Pioc amach …	Pick out …	Bunaithe ar an sliocht …	Based on the passage …
Tabhair dhá fháth …	Give two reasons …	Luaigh dhá rud …	Mention two things …
An mholfá …?	Would you recommend …?	Ar thaitin … leat?	Did you enjoy …?

Answer vocabulary

Dar liom …	In my opinion …	Ceapaim …	I think …
Measaim …	I think …	Sílim …	I think …
Is dóigh liom …	I think …	Déarfainn …	I would say …
I mo thuairim …	In my opinion …	Gan dabht ar bith …	Without doubt …
Chomh maith leis sin …	As well as that …	Mholfainn …	I would recommend …
Thaitin … liom.	I enjoyed …	Níor thaitin … liom.	I didn't enjoy …

Sample Questions and Answers

Sample question 1

> Bear in mind the questions may not be in this exact format for the exam. There will probably be a mixture of tick-the-box and written answers but we do not know what order they will come in.

Léigh an sliocht thíos agus freagair na ceisteanna ar fad a théann leis.

Seoid de Scannán a bhfuil Réaltaí Iontacha ann

1. Is scannán drámatúil rómánsúil é an scannán *A Star is Born* a bhí ar na scáileáin sna pictiúrlanna in 2018. Is é Bradley Cooper atá ina stiúrthóir agus ina léiritheoir air. I measc na n-aisteoirí atá ann, tá Bradley Cooper féin, Lady Gaga, Sam Elliott agus Rafi Gavron. Seo é an ceathrú leagan den scéal céanna. Tháinig an chéad leagan os comhair an lucht léachana i 1937 agus seacht mbliana déag ina dhiaidh sin d'éirigh le Judy Garland ainmniúchán Oscar a fháil dá ról i leagan eile de. Rinneadh arís é i 1976 agus bhí Barbara Streisand agus Kris Kristofferson sna príomhpháirteanna ann. Níl dabht ar bith faoi ach go bhfuil leagan 2018 bunaithe cuid mhaith ar chreatlach na leaganacha a chuaigh roimhe.

2. Scéal simplí go maith atá sa scannán *A Star is Born*. Glacann Bradley Cooper páirt an phríomhcharachtair Jack Cooper [sic]. Amhránaí agus ceoltóir an-cháiliúil é Jack atá ag dul in aois. Tá sé tugtha don ól agus do na drugaí. Oíche amháin téann sé isteach i mbeár le bheith ag diúgadh ar a shuaimhneas. Tagann Ally (Lady Gaga), bean a bhfuil féith an cheoil agus na hamhránaíochta go smior inti, ar stáitse agus cuireann sí Jack faoi dhraíocht. Eascraíonn gaol rómánsúil eatarthu agus uaidh sin amach tugann Ally taispeántais ag ceolchoirmeacha le Jack.

3. Bláthaíonn saol ceoil Ally fad agus atá saol Jack ag dul in olcas. É cráite ag tragóidí a tharla dó le linn a óige, an éisteacht ag teip air agus é ag sleamhnú isteach i nduibheagán an ólacháin. Tagann smut beag den éad air maidir leis an rath atá ar Ally. Fós féin déanann sé gach iarracht Ally a chur ar bhóthar a leasa nuair is léir dó go bhfuil bainisteoir santach ag déanamh dochair dá saol ceoil.

4. Tá cumas aisteoireachta na príomhbheirte le feiceáil go láidir sa scannán. Éiríonn le Bradley Cooper suaiteacht a charachtair a chur in iúl go caolchúiseach cumasach. Tuigtear a mhothúcháin agus a chrá croí go furasta. Tá nádúrthacht, saontacht agus cruas le sonrú i dtaispeántas Lady Gaga. Tá an-teacht i láthair inti ar stáitse agus tá a cumas amhránaíochta iontach, lárnach

dá ról. Beireann pearsantacht na beirte greim ar an lucht féachana agus bíonn nasc eatarthu ón tús.

5 Is scannán ceoil é seo chomh maith, ní nach ionadh agus Lady Gaga i lár an aonaigh. Is í Lady Gaga a chum cuid mhaith de na hamhráin agus de na míreanna ceoil. Bhí Bradley féin thar cionn agus é ag seinm an cheoil. Fuair *A Star is Born* seacht n-ainmniúchán Oscar in 2019. Is ar Lady Gaga agus Bradley Cooper a bhí an chaint ar fad oíche na nOscar. Chan siad an t-amhrán buaiteach *Shallow* a bhain gradam Oscar do Lady Gaga le haghaidh an amhráin úrnua is fearr.

(a) Cé mhéad leagan den scannán *A Star is Born* a rinneadh go dtí seo? (Alt 1)

Cuir **tic (✓)** leis an bhfreagra ceart.

Leagan amháin ☐

Ceithre leagan ☐

Cúig leagan ☐

> Look for the word *leagan* in Paragraph 1.

(b) Cén fáth, dar leat, a dtiteann Jack Cooper [sic] faoi dhraíocht Ally sa bheár an oíche sin? (Alt 2)

Cuir **tic (✓)** leis an bhfreagra ceart.

Bhí Ally ag diúgadh ar a suaimhneas sa bheár. ☐

Is amhránaí agus ceoltóir iontach í Ally. ☐

Bhíodh Ally ag canadh le Jack ina dhiaidh sin. ☐

> Look for *faoi dhraíocht* in Paragraph 2. The answer should be nearby.

(c) Cad a deirtear faoi shaol ceoil Ally? (Alt 3)

Cuir **tic (✓)** leis an bhfreagra ceart.

Tá saol ceoil Ally ag dul ó neart go neart. ☐

Tá saol ceoil Ally ag dul in olcas. ☐

Tá saol ceoil Ally bunaithe ar a hóige. ☐

> The exact words may not be in the passage – that is why you need to have a wide vocabulary.

(d) An dóigh leat gur aisteoir maith í Lady Gaga? Is leor **dhá** phointe eolais. (Alt 4)

> *An dóigh leat ...?* = Do you think ...?
> This means the question is asking for your opinion. You will need to find evidence from Paragraph 4 to back up your opinion.

READING 37

(e) Cén fáth, dar leat, a raibh an chaint ar fad faoi Lady Gaga agus Bradley Cooper oíche na nOscar? (Alt 5)

> *Dar leat ...* = In your opinion ...
> This is another opinion question. Find information in Paragraph 5 to back up your opinion.

(f) Bunaithe ar an sliocht thuas, an ndéarfá féin le daoine dul, nó gan dul, ag féachaint ar an scannán *A Star is Born*? Is leor **dhá** fháth i **d'fhocail féin**.

> *Bunaithe ar an sliocht ...* = Based on the passage ...
> *An ndéarfá ...?* = Would you say ...?
> Your answer must include evidence from the passage. Underline bits from the passage that you could use.

SEC Sample Paper 2020

For Questions (d), (e) and (f) you need to be able to adapt the pieces you underlined to answer the question. You need to have good vocabulary to be able to explain your opinion.
- The answer may be in the sentence of the key word you underlined, or it may be in the sentence before or after the key word.
- Make sure of how many questions are being asked. Sometimes there may be more than one answer required.
- Answer everything.
- Keep an eye on the amount of space given to write your answer. This will give you an idea of how much to write.
- Always try to use the question to begin your answer. This will give you a good structure.

Sample answer 1

(a) Cé mhéad leagan den scannán *A Star is Born* a rinneadh go dtí seo?

Ceithre leagan

(b) Cén fáth, dar leat, a dtiteann Jack Cooper [*sic*] faoi dhraíocht Ally sa bheár an oíche sin?

Is amhránaí agus ceoltóir iontach í Ally.

(c) Cad a deirtear faoi shaol ceoil Ally?

Tá saol ceoil Ally ag dul ó neart go neart.

(d) An dóigh leat gur aisteoir maith í Lady Gaga? Is leor dhá phointe eolais.

Is dóigh liom gur aisteoir maith í Lady Gaga mar tá nádúrthacht, saontacht agus cruas le feiceáil ina taispeántas sa scannán. Chomh maith leis sin, tá anteacht i láthair inti ar an scáileán agus tá a cumas amhránaíochta go hiontach.

(e) Cén fáth, dar leat, a raibh an chaint faoi Lady Gaga agus Bradley Cooper oíche na nOscar?

Dar liom, bhí an chaint faoi Lady Gaga agus Bradley Cooper oíche na nOscar mar fuair an scannán seacht n-ainmniúchán. Chomh maith leis sin, chan Lady Gaga agus Bradley Cooper an t-amhrán 'Shallow', a bhain gradam Oscar do Lady Gaga le haghaidh an amhráin úrnua is fear.

(f) Bunaithe ar an sliocht thuas, an ndéarfá féin le daoine dul nó gan dul, ag féachaint ar an scannán *A Star is Born*? Is leor dhá fháth i d'fhocail féin.

Gan dabht ar bith, déarfainn le daoine dul chun féachaint ar an scannán seo. Ar dtús, is amhránaithe iontacha iad Bradley Cooper agus Lady Gaga agus déanann siad jab iontach le 'Shallow'. Is sáraisteoirí iad chomh maith mar beireann pearsantacht na beirte greim ar an lucht féachana agus bíonn nasc eatarthu ón tús. Tá suim ag an lucht féachana iontu ó thús go deireadh. Fuair an scannán seacht n-ainmniúchán Oscar in 2019 freisin. Mholfainn do gach duine é a fhéiceáil!

Sample question 2

Léigh an sliocht thíos agus freagair na ceisteanna ar fad a ghabhann leis.

Comórtas amhránaíochta Gaeilge ar RTÉ 2FM

1. Bhí an comórtas 'Amhrán Tí' á reáchtáil mar chuid de Gaeltacht X le dhá shamhradh anuas. An aidhm a bhí leis ná eispéireas fíorúil Gaeltachta a chur ar fáil do dhéagóirí nach ndeachaigh chun na Gaeltachta in 2020 ná in 2021 de bharr Covid-19. Ba é Conradh na Gaeilge i gcomhpháirt leis an gclár raidió *Breakfast with Doireann, Donncha & Carl* ar RTÉ 2FM a chuir an comórtas amhránaíochta ar siúl anuraidh. Iarradh ar amhránaithe óga amhráin nuachumtha Ghaeilge, nó leaganacha Gaeilge d'amhráin Bhéarla, a chanadh, a thaifeadadh agus a sheoladh isteach don chomórtas 'Amhrán Tí'.

2   Bhí rogha ag na hiarrthóirí amhrán a chanadh ina n-aonar nó i ngrúpa. Bhí orthu cloí leis an scaradh sóisialta le linn an taifeadta de bharr Covid-19. Ba í Ola Majekodunmi a bhí mar chomhfhreagraí Gaeltacht X leis an gclár *Breakfast with Doireann, Donncha & Carl*. Bhí Raidió Rí-Rá, an stáisiún raidió a bhfuil go leor éisteoirí óga aige, ag tacú leis an gcomórtas chomh maith. Chuidigh siad leis an ngearrliosta a roghnú gach seachtain. Seinneadh rogha na n-amhrán ar RTÉ 2FM gach maidin Chéadaoin. Ansin osclaíodh pobalbhreith phoiblí ar chuntas Gaeltacht X (@gaeltachtx) ar *Instagram*. Bhí 24 uair an chloig ansin ag na héisteoirí agus ag na leantóirí, vóta a chaitheamh ar son an amhráin ab fhearr leo sular fógraíodh an buaiteoir ar maidin Déardaoin.

3   Bhí duais €300 ann do bhuaiteoir na seachtaine agus bhí duais €1,000 ann do bhuaiteoir an chomórtais. Dúirt láithreoirí an chláir nuair a bhí an comórtas á fhógairt, gur mhinic a chan siad féin amhrán tí le linn a gcuid ama mar scoláirí samhraidh sa Ghaeltacht. 'Is iontach an rud é gur féidir lenár gclár agus Gaeltacht X an deis seo a thabhairt do dhaoine óga atá ag cailleadh amach ar eispéireas an choláiste samhraidh. Is iad cruthaitheacht, spiorad agus craic na tréithe a bheidh á lorg againn sna hamhráin ar fad. Tá sé tábhachtach go mbeadh píosa spraoi ag na hamhránaithe agus nach mbeadh aon bhrú orthu'.

4   Dúirt Síomha Ní Ruairc ó Chonradh na Gaeilge, atá i mbun an fheachtais Gaeltacht X, go raibh áthas an domhain uirthi an comórtas 'Amhrán Tí' a reáchtáil i gcomhpháirt leis an gclár raidió *Breakfast with Doireann, Donncha & Carl* ar RTÉ 2FM. 'Tá Gaeltacht X ag ofráil blaiseadh den eispéireas Gaeltachta do dhéagóirí. Tá comórtais, moltaí ar conas níos mó Gaeilge a úsáid go laethúil, ciorcal comhrá ar líne agus neart ábhar eile ar *Instagram*, *TikTok* agus *Zoom* ag Gaeltacht X,' a dúirt Síomha Ní Ruairc.

(a) Cén fáth, dar leat, a raibh an comórtas 'Amhrán Tí' ar siúl? (Alt 1)

Cuir **tic (✔)** leis an bhfreagra ceart.

Thug an comórtas 'Amhrán Tí' eispéireas fíorúil Gaeltachta do scoláirí a d'fhreastail ar choláistí samhraidh in 2020 agus in 2021.	☐
Thug an comórtas 'Amhrán Tí' eispéireas fíorúil Gaeltachta do scoláirí mar nach raibh coláistí samhraidh ar siúl in 2020 ná in 2021.	☐
Bhí Doireann, Donncha agus Carl ag freastal ar choláistí samhraidh le dhá bhliain anuas.	☐

> Read these answers carefully – the first and second are very similar.

(b) Luaigh saghas **amháin** amhráin a bhí inghlactha sa chomórtas 'Amhrán Tí'. (Alt 1)

> Don't focus on the one word in the question that you might not understand. Focus on the words you do understand and try to find your answer in the first paragraph.

(c) Cén ról a bhí ag Raidió Rí-Rá? (Alt 2)

> Highlight the sentence that you think states the role Raidió Rí-Rá had.

(d) Cén ról a bhí ag na héisteoirí agus ag na leantóirí? (Alt 2)

> Look for the words *éisteoirí* and *leantóirí* in the text. They will direct you to the answer.

(e) Luaigh **dhá** thréith a bhí á lorg ag na láithreoirí sna hamhráin. (Alt 3)

1:
2:

> *Luaigh* means mention. There is no need for explanation here – just mention two traits.

(f) Luaigh **dhá** imeacht a úsáideann Gaeltacht X chun úsáid na Gaeilge a spreagadh. (Alt 4)

1:
2:

> You may not see any word in the question in the paragraph. This is where having a wide range of vocabulary and a good standard of Irish comes into play. The questions get more challenging as you move through them.

(g) Ar mhaith leat féin páirt a ghlacadh sa chomórtas 'Amhrán Tí'? Tabhair fáth **amháin** le do fhreagra.

> This is an opinion question. You must use full sentences that begin with verbs to show your opinion.

(h) Ar mhaith leat féin freastal ar chúrsa Gaeilge sa Ghaeltacht? Tabhair **dhá** fháth le do fhreagra.

Fáth 1:

Fáth 2:

> Longer opinion questions give you the chance to show off your Irish and your ability to put sentences together.

SEC Exam Paper 2022

Sample answer 2

(a) Cén fáth, dar leat, a raibh an comórtas 'Amhrán Tí' ar siúl?
Thug an comórtas 'Amhrán Tí' eispéireas fíorúil Gaeltachta do scoláirí mar nach raibh coláistí samhraidh ar siúl in 2020 ná in 2021.

(b) Luaigh saghas amháin amhráin a bhí inghlactha sa chomórtas 'Amhrán Tí'.
Bhí amhráin nuachumtha Ghaeilge agus leaganacha Gaeilge d'amhráin Bhéarla inghlactha sa chomórtas 'Amhrán Tí'.

(c) Cén ról a bhí ag Raidió Rí-Rá?
Chuidigh Raidió Rí-Rá leis an ngearrliosta a roghnú gach seachtain.

(d) Cén ról a bhí ag na héisteoirí agus ag na leantóirí?
Bhí 24 uair an chloig ag na héisteoirí agus na leantóirí le vóta a chaitheamh ar son an amhráin ab fhearr leo sular fógraíodh an buaiteoir ar maidin Déardaoin.

(e) Luaigh dhá thréith a bhí á lorg ag na láithreoirí sna hamhráin.
Bhí cruthaitheacht, spiorad agus craic á lorg ag na láithreoirí sna hamhráin.

(f) Luaigh dhá imeacht a úsáideann Gaeltacht X chun úsáid na Gaeilge a spreagadh.

Úsáideann Gaeltacht X comórtais, moltaí ar conas níos mó Gaeilge a úsáid go laethúil agus ciorcal comhrá ar líne chun úsáid na Gaeilge a spreagadh.

(g) Ar mhaith leat féin páirt a ghlacadh sa chomórtas 'Amhrán Tí'? Tabhair fáth amháin le do fhreagra.

Ba mhaith liom féin páirt a ghlacadh sa chomórtas 'Amhrán Tí' mar is aoibhinn liom a bheith ag scríobh amhrán agus ag canadh agus is maith liom Gaeilge ar scoil.

Níor mhaith liom féin páirt a ghlacadh sa chomórtas 'Amhrán Tí' mar níl suim dá laghad agam sa cheol agus ní maith liom a bheith ag scríobh.

(h) Ar mhaith leat féin freastal ar chúrsa Gaeilge sa Ghaeltacht? Tabhair dhá fháth le do fhreagra.

Ba mhaith liom féin freastal ar chúrsa Gaeilge sa Ghaeltacht mar is aoibhinn liom Gaeilge ar scoil agus ba mhaith liom mo chuid Gaeilge labhartha a fheabhsú. Is maith liom a bheith ag caint as Gaeilge.

Chomh maith leis sin, is maith liom cultúr na Gaeilge, an ceol agus an damhsa agus ba mhaith liom cairde nua a dhéanamh agus spraoi a bheith agam le daoine nua as Gaeilge.

Níor mhaith liom féin freastal ar chúrsa Gaeilge sa Ghaeltacht mar ní maith liom an Ghaeilge. Tá sí ródheacair dom agus níl suim agam inti.

Chomh maith leis sin, ní maith liom a bheith ag bualadh le daoine nua. Is duine cúthail mé agus b'fhearr liom fanacht sa bhaile gar do mo thuistí.

Sample question 3

Léigh an sliocht thíos agus freagair na ceisteanna ar fad a théann leis.

Jenna Ortega mar Wednesday Addams

1 D'eisigh Netflix an tsraith nua darb ainm *Wednesday* i mbliana agus mura raibh aithne acu uirthi cheana, tá aithne ag gach déagóir sa tír ar Jenna Ortega anois mar ghlac sí ról an déagóra Wednesday Addams sa tsraith teilifíse. Is déagóir aisteach í Wednesday Addams. Agus gruaig fhada dhorcha uirthi, súile dorcha agus craiceann bán, seasann sí amach i measc daoine. Díbríodh óna scoil áitiúil í agus shocraigh a tuistí í a sheoladh chuig scoil speisialta darb ainm Nevermore, do dhaoine a bhfuil cumhachtaí éagsúla acu. An chumhacht speisialta atá ag Wednesday ná go bhfuil sí in ann rudaí a fheiceáil sula dtarlaíonn siad.

2 Freastalaíonn conríocht, vaimpírí, banchealgairí agus gorgain ar Nevermore freisin. Is í Larissa Weems phríomhoide na scoile agus is léir ón tús go bhfuil rúin aici. Roinneann Wednesday a seomra le Enid, conríocht deas cairdiúil

agus beomhar. Bíonn Enid i gcónaí ag iarraidh a bheith mar dhlúthchara ag Wednesday. Tá Wednesday dorcha, dáiríre agus ní thaispeánann sí a cuid mothúchán. Tá Enid geal, cainteach agus grámhar. Feictear an caidreamh idir na cailíní tríd an scéal ar fad.

3 Díríonn an scéal ar ainbheithíoch atá ag dul fiáin san fhoraois ag marú daoine. Déanann Wednesday fiosrúcháin sa bhaile agus ar scoil agus déanann sí iarracht an t-ainbheithíoch a aimsiú agus a stopadh. Chomh maith leis sin, tá Nevermore i mbaol agus tá ar Wednesday an scoil agus na daltaí a shábháil. Tá go leor ag tarlú sa tsraith chun aird an lucht féachana a choimeád.

4 Tá radharc cáiliúil sa dara heipeasóid ina bhfeicimid an scil atá ag Ortega. Tagann Wednesday chuig dioscó atá ar siúl i halla na scoile. Caitheann sí gúna dubh galánta agus tá cuma álainn uirthi. Ansin déanann sí rince iontach agus féachann gach duine uirthi. Tá an rince seo ar fud an idirlín anois agus ar TikTok. Nuair a cuireadh an cheist ar Ortega in agallamh éigin, dúirt sí gur chum sí an rince í féin agus nach raibh a fhios aici go raibh sé go maith.

5 D'fhéach níos mó ná 150 milliún duine ar an tsraith teilifíse seo ar Netflix. Fógraíodh le déanaí go mbeadh an dara sraith ag teacht ach níl aon dáta ann go fóill lena aghaidh. Níl aon dabht ach go mbeidh tóir mór ar an dara sraith tar éis rath na chéad sraithe. Mura bhfuil *Wednesday* feicthe agat, mholfainn duit féachaint air gan mhoill. Ní bheidh áiféala ort!

(a) Cén ról a ghlacann Jenna Ortega sa tsraith Netflix *Wednesday*? (Alt 1)

(b) Déan cur síos ar an gcarachtar Wednesday sa tsraith teilifíse seo. (Alt 1)

(c) Cén chumhacht speisialta atá ag Enid, cara Wednesday? (Alt 2)
    Cuir **tic (✔)** sa bhosca ceart.

    Is vaimpír í.   ☐

    Is conriocht í.   ☐

    Is gorgain í.   ☐

(d) Luaigh rud amháin a dhéanann Wednesday agus í ag freastal ar Nevermore. (Alt 3)

(e) Conas is eol dúinn go bhfuil clú agus cáil ar an rince a dhéanann Wednesday in eipeasóid a dó? (Alt 4)

(f) An bhfuil an tsraith seo feicthe agat? Má tá, cad a cheap tú fuithi? Mura bhfuil, ar mhaith leat féachaint uirthi?

Sample answer 3

(a) Cén ról a ghlacann Jenna Ortega sa tsraith Netflix *Wednesday*?

Glacann Jenna Ortega ról an déagóra Wednesday Addams sa tsraith teilifíse *Wednesday* ar Netflix.

(b) Déan cur síos ar an gcarachtar Wednesday sa tsraith teilifíse seo.

Is déagóir aisteach í Wednesday, a bhfuil gruaig fhada dhorcha uirthi, súile dorcha agus craiceann bán.

(c) Cén chumhacht speisialta atá ag Enid, cara Wednesday?

Is conríocht í.

(d) Luaigh rud amháin a dhéanann Wednesday agus í ag freastal ar Nevermore. (Alt 3)

Nuair a fhreastalaíonn Wednesday ar Nevermore, déanann sí iarracht ainbheithíoch a aimsiú agus a stopadh. Chomh maith leis sin, déanann sí iarracht an scoil a shábháil.

(e) **Conas is eol dúinn go bhfuil clú agus cáil ar an rince a dhéanann Wednesday in eipeasóid a dó? (Alt 4)**

Tá a fhios again go bhfuil clú agus cáil ar an rince seo mar tá sé le feiceáil ar fud an idirlín, ar na meáin shóisialta.

(f) **An bhfuil an tsraith seo feicthe agat? Má tá, cad a cheap tú fúithi? Mura bhfuil, ar mhaith leat féachaint uirthi?**

Chonaic mé an tsraith teilifíse seo agus caithfidh mé a rá gur bhain mé an-taitneamh aisti. Bhí na haisteoirí ar fheabhas, bhí na grafaicí go hiontach agus bhain mé an-taitneamh as an scéal. An charactar ab fhearr liom ná *Wednesday* mar bhí sí chomh haisteach sin ach fós rinne daoine iarracht a bheith cairdiúil léi.

nó

Ní fhaca mé an tsraith seo ach chuala mé fúithi ar na meáin shóisialta. Ba mhaith liom í a fheiceáil mar tá suim agam anois ann tar éis dom an t-alt a léamh. Is maith liom sraitheanna a bhfuil rudaí difriúla iontu ar nós vaimpírí agus conriochtaí.

nó

Ní fhaca mé an tsraith agus níl suim dá laghad agam féachaint uirthi. Níl suim agam i vaimpírí ná i gconriochtaí. Ceapaim go mbeadh eagla orm roimh an ainbheithíoch sa tsraith freisin. Ní maith liom an foréigean.

Sample question 4

Léigh an sliocht thíos agus freagair na ceisteanna ar fad a théann leis.

An Íoslainn – Ceann de na Tíortha is Óige ar Domhan!

1. Le blianta beaga anuas tá clú agus cáil bainte amach ag an turasóireacht san Íoslainn. Taistealaíonn na mílte duine chuig an tír neamhghnách seo chun féachaint ar an ngníomhaíocht bholcánach agus ar an tírdhreach mórthaibhseach nádúrtha atá inti. Is iomaí rud atá le feiceáil agus le déanamh san Íoslainn. Téann na sluaite chun féachaint ar na saighneáin, ar na bolcáin, ar an Murlach Gorm agus ar na céadta eas agus oighearshruth.

2   Is í Reykjavik príomhchathair na hÍoslainne agus tá go leor óstán agus lóistíní inti. Chomh maith leis sin, tá neart bialann inti ina bhfuil bia dúchais na hÍoslainne ar nós ceann caoirigh, iógart Íoslannach agus siorc. Is aoibhinn le turasóirí teacht chun triail a bhaint as na miasanna seo. Bíonn an bia costasach go leor ag timpeall €30 do chúrsa amháin.

3   Ní féidir leat cuairt a thabhairt ar an Íoslainn gan turas a dhéanamh chuig an Murlach Gorm. Is linn mhór é amuigh faoin aer. Tá sé te ón ngníomhaíocht bholcánach a tharlaíonn faoi thalamh. Deirtear go bhfuil an t-uisce nádúrtha seo ar fheabhas don chraiceann agus go bhfuil mianraí agus vitimíní istigh ann. Ligeann turasóirí a scíth ar feadh cúpla uair an chloig ann agus bíonn deochanna deasa ar fáil freisin.

4   Go ginearálta, is tír fhuar í an Íoslainn. Bíonn sneachta ar an talamh ar feadh cuid mhór den bhliain. Bheadh ort éadaí oiriúnacha a thabhairt leat ar do laethanta saoire anseo. Bheadh buataisí, stocaí, cótaí, hataí, lámhainní agus geansaithe móra an-úsáideach de bharr na haeráide fuaire. Chomh maith leis sin, tá go leor spaisteoireachta – a bheith ag siúl sna sléibhte – ar fáil. Mar sin, tabhair leat buataisí maithe.

5   Tá an Íoslainn ar cheann de na mórchríocha is óige ar domhan. Cruthaíodh í níos mó ná 60 milliún bliain ó shin mar chuid de Dhroim an Atlantaigh Láir. Mholfainn daoibh go léir turas a thabhairt ar an tír speisialta seo chun féachaint ar chumhacht an nádúir agus ar na radhairc dhochreidte atá inti. Cuir ar do 'liosta buicéid' í!

(a) Cén fáth a dtaistealaíonn na mílte duine chuig an Íoslainn? (Alt 1)
Cuir **tic (✔)** sa bhosca ceart.

   Chun siopadóireacht a dhéanamh   ☐

   Chun dul ag sciáil   ☐

   Chun féachaint ar na radhairc nádúrtha   ☐

(b) Luaigh **dhá** mhias a itheann na daoine áitiúla san Íoslainn. (Alt 2)

(c) Cén buntáiste a bhaineann leis an Murlach Gorm? (Alt 3)

(d) Conas is eol duit gur tír fhuar í an Íoslainn? (Alt 4)

(e) Ar mhaith leat dul chuig an Íoslainn? Tabhair **dhá fháth** le do fhreagra.

Fáth 1:

Fáth 2:

Sample answer 4

(a) Cén fáth a dtaistealaíonn na mílte duine chuig an Íoslainn?
Chun féachaint ar na radhairc dhifriúla

(b) Luaigh dhá mhias a itheann na daoine áitiúla san Íoslainn.
Itheann daoine ceann caoirigh agus iógart Íoslannach san Íoslainn.

(c) Cén buntáiste a bhaineann leis an Murlach Gorm?
Tá an t-uisce go maith don chraiceann – tá go leor mianraí agus vitimíní ann.

(d) Conas is eol duit gur tír fhuar í an Íoslainn?
Is eol dom gur tír fhuar í an Íoslainn mar tá sneachta ar an talamh ar feadh cuid mhór den bhliain. Tá buataisí, cótaí, hataí agus lámhainní ag teastáil uait ar turas chuig an tír.

(e) Ar mhaith leat dul chuig an Íoslainn? Tabhair dhá fháth le do fhreagra.
Ba mhaith liom dul chuig an Íoslainn mar is aoibhinn liom an tíreolaíocht agus ba mhaith liom féachaint ar na radhairc nádúrtha agus ar na bolcáin. Chomh maith leis sin, ba mhaith liom dul chuig an Murlach Gorm. Níl aon rud cosúil leis sin anseo in Éirinn.

nó

Níor mhaith liom dul chuig an Íoslainn mar is fuath liom an fhuacht. Níl suim dá laghad agam sa tíreolaíocht ar scoil. Chomh maith leis sin, bheadh sé costasach. B'fhearr liom dul áit atá níos saoire agus níos teo.

Sample question 5

Léigh an sliocht thíos agus freagair na ceisteanna ar fad a théann leis.

Fleadh Cheoil na hÉireann 2024 – ag Teacht chuig Loch Garman

1. Tiocfaidh an ceiliúradh is mó de cheol traidisiúnta na hÉireann ar domhan chuig na sráideanna agus tithe tábhairne i Loch Garman ar an 4 Lúnasa 2024 agus mairfidh sé go dtí an 11 Lúnasa. Beidh na mílte ceoltóir traidisiúnta, amhránaí traidisiúnta agus rinceoir Gaelach ag teacht chun a n-oidhreacht a cheiliúradh i rith na seachtaine sin. Rinne Comhaltas Ceoltóirí Éireann an fógra cúpla mí ó shin agus tá muintir Loch Garman thar a bheith sásta leis an gcinneadh seo.

2. Tá gnólachtaí, bialanna, óstáin agus siopaí sa cheantar ag tnúth go mór leis mar tagann na mílte turasóir chuig an bhféile thraidisiúnta seo gach bliain. Ceithre bliana is fiche ó shin, bhí an Fleadh i Loch Garman agus tá muintir na háite ar bís go bhfuil sí ag teacht ar ais. Tá cultúr saibhir ceoil thraidisiúnta i Loch Garman agus is minic a fheictear amhránaithe ar na sráideanna chomh maith le ceoltóirí traidisiúnta. Bíonn seisiúin cheoil ar siúl go minic i dtithe tábhairne an cheantair. Cloistear an bosca ceoil, an bainseó, an fhidil, an fheadóg stáin agus an bodhrán go minic sna tithe tábhairne agus amuigh ar na sráideanna chomh maith.

3. Beidh deiseanna ag scoileanna sa cheantar páirt a ghlacadh i gceolchoirmeacha agus i gcomórtais i rith na seachtaine. Tiocfaidh ceoltóirí ó chian is ó chóngar chun a n-uirlisí éagsúla a sheinm le chéile. Feicfear na ceoltóirí is fearr ar domhan chomh maith leis na foghlaimeoirí nua i dteannta a chéile, ag seinm le chéile agus ag ceiliúradh le chéile. Níl aon dabht ach go mbeidh atmaisféar den scoth timpeall an bhaile agus an chontae ag an am.

4. Tá Comhairle Contae Loch Garman chun pleananna tráchta a chur i bhfeidhm. Beidh busanna ag teacht ó gach baile i Loch Garman go laethúil. Cruthófar carrchlóis taobh amuigh den bhaile agus busanna ansin chun daoine a thabhairt isteach. Cuirfear fógraí timpeall an bhaile ar a mbeidh an t-eolas faoi na seisiúin go léir. Tosóidh na hullmhúcháin ag tús na bliana 2024. Feicfimid ann thú!

READING

(a) Cad iad na dátaí a bheidh Fleadh Cheoil 2024 ar siúl i Loch Garman? (Alt 1)
Cuir **tic (✔)** sa bhosca ceart.

- An cúigiú lá go dtí an deichiú lá de Lúnasa ☐
- An ceathrú lá go dtí an t-aonú lá déag de Lúnasa ☐
- An cúigiú lá go dtí an deichiú lá d'Iúil ☐
- An ceathrú lá go dtí an t-aonú lá déag d'Iúil ☐

> Look carefully at the dates mentioned in the text and put them into words. This shows you know the words for numbers and dates.

(b) Luaigh **dhá** ghrúpa atá ag tnúth leis an bhféile seo i Loch Garman. (Alt 2)

> *Luaigh* means mention. Write a full sentence here. Start with the verb you see in the question – *tá*.

(c) Cá háit a bhfeictear seisiúin cheoil go minic i Loch Garman? (Alt 2)

> Use the question to structure your answer. Find the verb and start with that. *Feictear* ...

(d) Cén fáth a mbeidh atmaisféar den scoth sa bhaile? (Alt 3)

> Think about this one. The reasons must be before or after the sentence that mentions the great atmosphere in the text.

(e) Scríobh síos **dhá** ghné den phlean tráchta atá ag an gComhairle Contae don Fhleadh Cheoil. (Alt 4)

1:
2:

> This is tricky because of the vocabulary. Find *pleananna tráchta* in the text. Your answer will be around there.

(f) Ar mhaith leatsa freastal ar an bhFleadh Cheoil? Luaigh **fáth amháin** le do fhreagra.

> This is your opinion. Sometimes it's easier to say yes to questions like this, because you might be able to take a reason from the text. In this case, *ceol* is the topic so you should be able to form a sentence about why you would like to attend or not. Start with *Ba mhaith liom ...* or *Níor mhaith liom ...*

Sample answer 5

(a) Cad iad na dátaí a bheidh Fleadh Cheoil 2024 ar siúl i Loch Garman?
An ceathrú lá go dtí an t-aonú lá déag de Lúnasa

(b) Luaigh dhá ghrúpa atá ag tnúth leis an bhféile seo i Loch Garman.
Tá óstáin agus bialanna ag tnúth leis an bhféile seo i Loch Garman.

(c) Cá háit a bhfeictear seisiúin cheoil go minic i Loch Garman?
Feictear seisiúin cheoil go minic sna tithe tábhairne i Loch Garman.

(d) Cén fáth a mbeidh atmaisféar den scoth sa bhaile?
Beidh atmaisféar den scoth sa bhaile mar tiocfadh ceoltóirí ó chian is ó chóngar agus seinnfidh na ceoltóirí is fearr agus na ceoltóirí atá ag foghlaim freisin ag an bhFleadh. Glacfaidh gach duine páirt inti.

(e) Scríobh síos dhá ghné den phlean tráchta atá ag an gComhairle Contae don Fhleadh Cheoil.
Beidh busanna ag teacht ó gach baile sa chontae go laethúil.
Cruthófar carrchlóis taobh amuigh den bhaile agus beidh busanna ann ag dul isteach agus amach ón mbaile.

(f) Ar mhaith leatsa freastal ar an bhFleadh Cheoil? Luaigh **fáth amháin** le do fhreagra.
Ba mhaith liom freastal ar an bhFleadh Cheoil mar is aoibhinn liom ceol traidisiúnta na hÉireann. Chomh maith leis sin, seinnim an fheadóg stáin agus an bodhrán. B'aoibhinn liom páirt a ghlacadh sa fhéile.

nó

Níor mhaith liom freastal ar an bhfleadh mar níl suim dá laghad agam i gceol traidisiúnta na hÉireann. Ní éistim leis agus ní sheinnim féin aon uirlis thraidisiúnta.

Sample question 6
Léigh an sliocht thíos agus freagair na ceisteanna ar fad a théann leis.

Seachtain na Gaeilge – Aiséirí na Gaeilge?

1. Ní fada go mbeidh Seachtain na Gaeilge ag tosú arís i mbliana. Beidh cúpla focal le cloisteáil ar an raidió agus ar an teilifís agus beidh go leor imeachtaí ar siúl i scoileanna trasna na tíre. Bíonn Seachtain na Gaeilge ar siúl ar 1–17 Márta gach bliain agus is ceiliúradh mór teanga in Éirinn í. Tugann sí deiseanna do Ghaeilgeoirí líofa chomh maith le daoine atá ag foghlaim na teanga a gcúpla focal a úsáid.

2. Bíonn imeachtaí ar siúl i leabharlanna, i scoileanna agus ag eagraíochtaí áirithe timpeall na tíre. Feictear Pop-Up Gaeltachtaí, tráthanna na gceist, ciorcail chainte, seisiúin cheoil agus imeachtaí eile Gaeilge chomh maith. De ghnáth bíonn liosta de na himeachtaí ar www.snag.ie. Is suíomh idirlín é seo atá lán d'eolas faoi Sheachtain na Gaeilge. Bíonn ambasadóirí ann gach bliain – is daoine cáiliúla nó ceiliúráin iad seo atá sásta a gcúpla focal a úsáid leis an nGaeilge a chur chun cinn.

3. Bíonn deis ag gach éinne taitneamh a bhaint as an bhféile tríd an nGaeilge a úsáid ina saol laethúil. Deirtear gur le gach duine í an Ghaeilge agus gur chóir dúinn triail a bhaint aisti. Sa lá atá inniu ann bíonn go leor cainteoirí Gaeilge ar Instagram agus TikTok ag labhairt Gaeilge agus ag taispeáint go bhfuil an Ghaeilge fós beo inár dtír álainn. Is féidir na daoine seo a leanúint chun do chuid Gaeilge a fheabhsú. Níl aon dabht ach go gcloistear níos mó Gaeilge ar an raidió agus ar an teilifís na laethanta seo.

4. Tá i bhfad níos mó Gaelscoileanna agus meánscoileanna ann anois ná mar a bhí deich mbliana ó shin. Bíonn tuismitheoirí ag iarraidh an Ghaeilge a labhairt mar bíonn a bpáistí ag spalpadh na Gaeilge óna bheith ar scoil. Buíochas le Dia, tá go leor aipeanna ar fáil chun cabhrú le foghlaim na Gaeilge, Duolingo agus Teanglann ina measc.

5. Is léir go bhfuil an-chuid oibre déanta ag Conradh na Gaeilge sa tír seo chun an Ghaeilge labhartha a chur chun cinn. Is sampla maith é Seachtain na Gaeilge den mhéid oibre a dhéanann eagraíochtaí ar nós Chonradh na Gaeilge ar son ár dteanga dúchais. Chomh maith le ranganna Gaeilge do dhaoine fásta, díospóireachtaí agus go leor imeachtaí eile, déanann siad sáriarracht an Ghaeilge a choimeád beo. Mar a deirtear, beatha teanga í a labhairt!

(a) Cá háit a mbíonn an Ghaeilge le cloisteáil i rith Sheachtain na Gaeilge, dar leis an sliocht? (Alt 1)

Cuir **tic (✔)** sna boscaí cearta.

- Ar an raidió ☐
- Ar an teilifís ☐
- An an idirlíon ☐
- Ar an idirchum ☐

> Here you need to tick more than one box!

(b) Cad is Seachtain na Gaeilge ann? (Alt 1)

> You can use your own words or words from the text.

(c) Luaigh **dhá** shaghas imeachtaí a bhíonn ar siúl i rith Sheachtain na Gaeilge. (Alt 2)

1:
2:

> Write full sentences where you can. Find the verb and start with that. *Bíonn* ...

(d) Déan cur síos ar ambasadóir Sheachtain na Gaeilge agus luaigh rud amháin a dhéanann ambasadóir. (Alt 2)

> There are two parts to this question. Make sure you answer both.

(e) Conas is féidir le daoine a gcuid Gaeilge a fheabhsú? (Alt 3)

> Start with *Is féidir* ...

(f) Cén fáth a mbíonn níos mó tuismitheoirí ag iarraidh an Ghaeilge a fhoghlaim na laethanta seo? (Alt 4)

> The verb here is *bíonn*.

(g) Tabhair sampla den sórt oibre a dhéanann Conradh na Gaeilge ar son na Gaeilge.

> One example is enough here, but feel free to give two if you wish.

(h) An maith leat an Ghaeilge? Tabhair **fáth amháin** le do fhreagra.

> Your opinion is required here. Keep it simple and to the point. Don't overthink a question like this.

READING 53

Sample answer 6

(a) Cá háit a mbíonn an Ghaeilge le cloisteáil i rith Sheachtain na Gaeilge, dar leis an sliocht?

Ar an raidió

Ar an teilifís

(b) Cad is Seachtain na Gaeilge ann?

Is ceiliúradh mór teanga in Éirinn í Seachtain na Gaeilge.

(c) Luaigh dhá shaghas imeachtaí a bhíonn ar siúl i rith Sheachtain na Gaeilge.

Bíonn tráth na gceist agus ciorcail chainte ar siúl i rith Sheachtain na Gaeilge.

(d) Déan cur síos ar ambasadóir Sheachtain na Gaeilge agus luaigh rud amháin a dhéanann ambasadóir.

Is ceiliúráin iad ambasadóirí Sheachtain na Gaeilge atá sásta a gcúpla focal a úsáid. Cuireann siad an Ghaeilge labhartha chun cinn.

(e) Conas is féidir le daoine a gcuid Gaeilge a fheabhsú?

Is féidir le daoine cainteoirí Gaeilge a leanúint ar Instagram agus TikTok chun a gcuid Gaeilge a fheabhsú.

(f) Cén fáth a mbíonn níos mó tuismitheoirí ag iarraidh an Ghaeilge a fhoghlaim na laethanta seo?

Bíonn níos mó tuismitheoirí ag iarraidh an Ghaeilge a fhoghlaim mar tá níos mó Gaelscoileanna agus meánscoileanna ann anois agus bíonn na páistí ag spalpadh Gaeilge.

(g) Tabhair sampla den sórt oibre a dhéanann Conradh na Gaeilge ar son na Gaeilge.

Eagraíonn Conradh na Gaeilge Seachtain na Gaeilge agus ranganna Gaeilge ar son na Gaeilge.

(h) An maith leat an Ghaeilge? Tabhair fáth amháin le do fhreagra.

Is maith liom an Ghaeilge – is as Éirinn mé agus is maith liom a bheith ábalta mo theanga dhúchais a labhairt.

nó

Ní maith liom an Ghaeilge – tá an ghramadach ródheacair dom agus níl mé go maith leis na briathra.

Sample question 7

Léigh an sliocht thíos agus freagair na ceisteanna ar fad a ghabhann leis.

Iontais na Mara

1. Tá staidéar déanta ar thart faoi 240,000 iasc, ainmhí agus planda atá ina gcónaí sna farraigí ar fud an domhain. Mar sin féin, ceaptar go bhfuil suas le 2 mhilliún eile ann nach bhfuil ar eolas againn fós. Is fíor gur éirigh le heolaithe daoine a chur ar an ngealach agus feithicil a thiomáint ar Mhars, ach níl mórán staidéir déanta fós ar na trí cheathrú de dhroim an domhain atá faoin bhfarraige. Is ceantair iad na farraigí atá domhain agus dorcha agus níl sé éasca ná sábháilte cuid díobh a fhiosrú.

2. Ach tá ainmhí mara amháin ann atá ina ábhar iontais le fada an lá. Is é an t-ochtapas an t-ainmhí sin agus tá sé ina chónaí sna farraigí ar fud an domhain. Tagann an focal 'ochtapas' ón nGréigis, 'oktō' (ocht) agus 'pous' (cos). Ceithre phéire cos atá ar an ochtapas agus tá sé ábalta smaoineamh lena chuid cos. Cé go bhfuil inchinn an ochtapais i lár a choirp, tá dhá thrian dá chuid néarón sna cosa aige. Ciallaíonn sé sin gur féidir leis na cosa a bheith ag obair go neamhspleách ar an inchinn nuair a bhíonn sé á chosaint féin nó ag seilg. Tá an t-ochtapas in ann cos nua a fhás fiú amháin má chailleann sé ceann acu nuair a bhíonn sé faoi ionsaí ag ainmhí eile.

3. Tá a lán buanna ag an ochtapas. Tá a chorp chomh bog sin gur féidir leis é féin a bhrú trí pholl chomh beag le 2.5 cm trasna. Ach tá gob géar crua air a úsáideann sé le portáin a bhriseadh agus a ithe. Is féidir leis siúl ar na cosa deiridh ar thóin na farraige agus blaosc cnó cócó a iompar leis chun teach a dhéanamh de. Tá sé ábalta dath a choirp a athrú go han-tapa agus dath buí, oráiste, dearg, donn nó dubh a chur air féin. Chomh maith leis sin, tá trí chroí aige agus tá fuil ghorm ann. Is féidir leis dul i bhfolach ar éisc mhóra ar nós siorcanna agus eile nuair a scaoileann sé dúch gorm leo chun iad a chur trína chéile.

Ochtapas san fharraige

Blaosc cnó cócó

Siorcanna

Sliogáin

4 Chaith an scannánóir Craig Foster bliain ag snámh le hochtapas san Afraic Theas. Rinne sé an scannán My Octopus Teacher (2021) a thaispeánann an mhuinín agus an cairdeas álainn a d'fhás idir é féin agus an t-ochtapas. Is léir gur cleasaí cliste é an t-ochtapas. Sa scannán feicimid an t-ochtapas ag súgradh le Foster agus ina luí ar a ucht. Ligeann sé do Foster féachaint air ag seilg agus ag ithe. Feicimid an t-ochtapas ag iompar sliogán chun é féin a choinneáil slán. Lá amháin bhí siorc ag iarraidh an t-ochtapas a ionsaí. Ghreamaigh an t-ochtapas é féin de dhroim an tsiorca sa chaoi is nach mbeadh an siorc ábalta greim a fháil air ná é a ithe. Is cleasaí cliste é an t-ochtapas gan dabht!

(a) Cé mhéad iasc, ainmhí agus planda a bhfuil staidéar déanta orthu sna farraigí? (Alt 1)

Cuir **tic (✔)** leis an bhfreagra ceart.

- 240,000 ☐
- 2 mhilliún ☐
- 2,400 ☐

> Look for these numbers in the first paragraph. They may be in words or figures.

(b) Tabhair **dhá** phointe eolais faoin gcineál ceantair iad na farraigí. (Alt 1)

> Write full sentences that begin with a verb.

| Pointe 1: |
| Pointe 2: |

(c) Cá bhfuil an t-ochtapas ina chónaí? (Alt 2)

| |
| |

(d) Scríobh síos **dhá** rud faoi chosa an ochtapais. (Alt 2)

| Rud 1: |
| Rud 2: |

(e) Tabhair **dhá** cheann de na buanna atá ag an ochtapas. (Alt 3)

| Bua 1: |
| Bua 2: |

> Pick just two. Use full sentences.

(f) Tabhair **dhá** phointe eolais a léiríonn gur cleasaí cliste é an t-ochtapas. (Alt 4)

Pointe 1:

Pointe 2:

(g) An bhfuil aon suim agat féin i gcúrsaí farraige *nó* mara? Tabhair fáth **amháin** le do fhreagra.

> This is an opinion question – your opinion can be positive or negative. Show off your Irish here.

SEC Exam Paper 2023

Sample answer 7

(a) Cé mhéad iasc, ainmhí agus planda a bhfuil staidéar déanta orthu sna farraigí?
240,000

(b) Tabhair dhá phointe eolais faoin gcineál ceantair iad na farraigí.
Pointe 1: Tá siad domhain agus dorcha.
Pointe 2: Níl é éasca ná sábháilte iad a fhiosrú.

(c) Cá bhfuil an t-ochtapas ina chónaí?
Tá sé ina chónaí sna farraigí ar fud an domhain.

(d) Scríobh síos dhá rud faoi chosa an ochtapais.
Rud 1: Tá ceithre phéire cos ar an ochtapas.
Rud 2: Tá sé ábalta smaoineamh lena chosa.

(e) Tabhair dhá cheann de na buanna atá ag an ochtapas.
Bua 1: Is féidir leis é féin a bhrú trí pholl chomh beag le 2.5 cm trasna.
Bua 2: Tá gob géar crua air a úsáideann sé le portáin a bhriseadh agus a ithe.

(f) Tabhair dhá phointe eolais a léiríonn gur cleasaí cliste é an t-ochtapas.
Pointe 1: Feicimid an t-ochtapas ag iompar sliogán chun é féin a choinneáil slán.
Pointe 2: Nuair a ionsaíonn an siorc é, greamaíonn sé é féin de chúl an tsiorc ionas nach féidir leis an siorc é a ithe.

(g) An bhfuil aon suim agat féin i gcúrsaí farraige nó mara? Tabhair fáth amháin le do threagra.
Is maith liom a bheith ag snámh san fharraige ag an trá i rith an tsamhraidh le mo chairde, mar bíonn an aimsir deas agus bíonn spraoi againn.
nó
Ní maith liom an fharraige mar tá eagla orm roimh na héisc go léir atá ina gcónaí inti.

5 Literature

- To be able to use your Irish comfortably to explain different concepts in literature
- To become familiar with giving your opinion and having the correct language to do so
- To use vocabulary and phrases from earlier chapters across the whole paper

Guidelines

The literature questions are worth approximately 22 per cent of your grade. It is very important to remember that some of the marks here will be going towards your use of language, so focus on getting the basics right.

The literature section is divided into three questions.

SEC Sample Paper 2020				
1	Úrscéal/ Gearrscéal	*Novel/Short story*	50 marks	25 minutes
2	Dán/Amhrán	*Poem/Song*	30 marks	15 minutes
3	Dráma	*Play*	30 marks	15 minutes
SEC Exam Paper 2022				
1	Urscéal	*Novel*	40 marks	20 minutes
2	Dán/Amhrán	*Poem/Song*	25 marks	15 minutes
3	Gearrscéal	*Short story*	25 marks	15 minutes

Over the course of second and third year, higher-level students should have covered:
- two short stories
- one play
- one novel
- five poems and/or songs (this can be a mixture).

The list of prescribed texts can be found at www.curriculumonline.ie/Junior-Cycle/Junior-Cycle-Subjects/Gaeilge/Literature-Lists/

This book contains sample answers on:
- novels: *Cúpla, Daideo*
- short stories: 'Spás', 'An Cluiche Mór', 'Katfish'
- poems: 'Stadeolaíocht', 'An Ghealach', 'Jeaic ar Scoil', 'An Grá'
- song: 'Solas'
- plays: *Gleann Álainn, Na Deoraithe*

LITERATURE 59

Key Vocabulary

Novel/Short story

Basic points

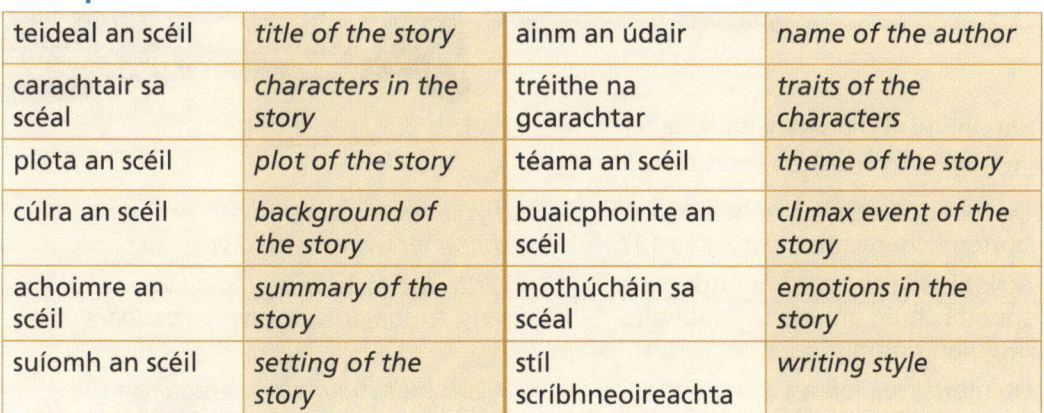

teideal an scéil	title of the story	ainm an údair	name of the author
carachtair sa scéal	characters in the story	tréithe na gcarachtar	traits of the characters
plota an scéil	plot of the story	téama an scéil	theme of the story
cúlra an scéil	background of the story	buaicphointe an scéil	climax event of the story
achoimre an scéil	summary of the story	mothúcháin sa scéal	emotions in the story
suíomh an scéil	setting of the story	stíl scríbhneoireachta	writing style

- *carachtair sa scéal*: **in** the story – no change to the noun
- *téama an scéil*: **of** the story – genitive case (see p. 176)

Possible questions

Questions could include:

Déan cur sios ar théama an scéil seo.	Describe the theme of this story.
Scríobh nóta faoi bhuaicphointe an scéil.	Write a note about the climax of the story.
Cad é an mothúchán is láidre sa scéal, dar leat?	What is the strongest emotion in the story, in your opinion?
Scríobh críoch eile ar an scéal.	Write a different ending to the story.

Some questions ask for your opinion:

Ar thaitin an úrscéal/gearrscéal leat? Cén fáth?	Did you enjoy the novel/short story? Why?
Cé hé/hí an carachtar is fearr leat sa scéal? Tabhair dhá fháth.	Who is your favourite character in the story? Give two reasons.
An gceapann tú go bhfuil tús/deireadh oiriúnach ar an scéal? Cén fáth?	Do you think the story has a suitable beginning/ending? Why?
Cad a mhothaigh tú faoi bhuaicphointe an scéil?	What did you feel about the climax of the story?
An maith leat an príomhcharachtar sa scéal? Cén fáth?	Do you like the main character in the story? Why?

There are marks going for your grammar and spelling, so be accurate!

You should also prepare for tougher questions involving the conditional:

Dá mbeifeá ag cur comhairle ar an bpríomhcharachtar, cad a déarfá?	If you were giving advice to the main character, what would you say?
Scríobh an litir/nóta/ríomhphost a sheolfá chuig an údar ag tabhairt aiseolais dóibh.	Write the letter/note/email you would send to the author giving feedback.
Dá mbuailfeá leis an bpríomhcharachtar sa scéal, cén cheist a chuirfeá air/uirthi?	If you met the main character in the story, what question would you ask him/her?
Dá n-athrófá deireadh an scéil, cad a scríobhfá?	If you were to change the end of the story, what would you write?

Poem/Song

Basic points

teideal an dáin	title of the poem	ainm an fhile/chumadóra	name of the poet/composer
téama an dáin	theme of the poem	íomhánna sa dán	images in the poem
mothúcháin sa dán	feelings in the poem	atmaisféar an dáin	atmosphere of the poem
suíomh an dáin	setting of the poem	teicnící fileata	poetic techniques

Poetic techniques

athrá	repetition
comhfhuaim	assonance
codarsnacht	contrast
friotal	language
meafar	metaphor
rím	rhyme
rithim	rhythm
siombal	symbol
uaim	alliteration

- *íomhánna sa dán*: **in** the poem – no change to the noun
- *téama an dáin*: **of** the poem – genitive case (see p. 176)

Possible questions

Questions on a poem/song could include:

Cad é teama an dáin/amhráin seo?	What is the theme of this poem/song?
Déan cur síos ar íomhá thuairisciúil sa dán/san amhrán.	Describe a descriptive image in the poem/song.
Déan plé ar an mothúchán is láidre sa dán/san amhrán.	Discuss the strongest emotion in the poem/song.
Cén chaoi a gcabhraíonn na mothúcháin sa dán/san amhrán leis an téama a chur i láthair?	In what way do the emotions in the poem/song help portray the theme?
Roghnaigh an íomhá is fearr leat sa dán/san amhrán agus léirigh an fáth le do rogha.	Choose your favourite image in the poem/song and explain the reason for your choice.
Pioc amach an dá theicníc fhileata is fearr leat sa dán/san amhrán agus tabhair fáthanna le do rogha.	Pick out your two favourite poetic techniques in the poem/song and give reasons for your answer.
Mínigh i d'fhocail féin a bhfuil i gceist ag an bhfile/gcumadóir i véarsa a haon/a dó/a trí.	Explain in your own words what the poet/composer is talking about in the first/second/third verse.

Some questions will ask for your opinion:

Tabhair dhá fháth ar thaitin nó nár thaitin an dán/an t-amhrán seo leat.	Give two reasons why you enjoyed or did not enjoy the poem/song.
Cén fáth ar scríobh an file/cumadóir an dán/an t-amhrán, dar leat? (Is leor dhá chúis a lua.)	Why did the poet/composer write the poem/song, do you think? (Two reasons will suffice.)
Conas a mhothaigh tú ag léamh an dáin/ag éisteacht leis an amhrán seo? Cén fáth?	How did you feel reading this poem/listening to this song? Why?
Déan plé ar an véarsa is fearr leat sa dán/san amhrán.	Discuss your favourite verse in the poem/song.
Déan plé ar an gcaidreamh atá faoi chaibidil sa dán/san amhrán.	Discuss the relationship at play in the poem/song.
Cén chaoi a gcabhraíonn na teicnící fileata leis an téama a chur i láthair?	How do the poetic techniques help portray the theme?
An maith leat teideal an dáin/an amhráin? Mínigh an fáth a dtaitníonn/nach dtaitníonn sé leat.	Do you like the title of the poem/song? Explain the reason why you like/do not like it.

Play

Basic points

teideal an dráma	*title of the play*	ainm an scríbhneora	*name of the writer*
carachtair sa dráma	*characters in the play*	tréithe na gcarachtar sa dráma	*traits of the characters in the play*
suíomh an dráma	*setting of the play*	téama an dráma	*theme of the play*
buaicphointe an dráma	*climax/main event of the play*	plota an dráma	*plot of the play*
mothúcháin sa dráma	*feelings/emotions in the play*	achoimre an dráma	*summary of the play*

Possible questions

Questions based on the play could include:

Cá bhfuil an dráma suite? Tabhair miontuairisc ar an suíomh.	*Where is the play set? Give a detailed report of the setting.*
Déan cur síos ar bhuaicphointe an dráma.	*Describe the climax/main event of the play.*
Déan plé ar dhá mhothúchán atá le feiceáil sa dráma.	*Discuss two feelings/emotions that can be seen in the play.*
Cén ról atá ag an bpríomhcharachtar sa dráma?	*What role does the main character have in the play?*
Déan cur síos ar eachtra amháin a tharlaíonn don phríomhcharachtar.	*Describe one event that happens to the main character.*
Scríobh próifíl den charachtar is tábhachtaí sa dráma.	*Write a profile of the most important character in the play.*
Scríobh ríomhphost chuig an bpríomhcharachtar sa dráma ag cur comhairle air/uirthi.	*Write an email to the main character giving him/her advice.*

LITERATURE

Some questions will ask for your opinion:

Cad a mhothaigh tú faoi bhuaicphointe an dráma? Luaigh dhá fháth.	What did you feel about the climax of the play? Mention two reasons.
Scríobh trí cheist a chuirfeá ar charachtar amháin ón dráma agus trí fhreagra a thabharfadh sé/sí, i do thuairim.	Write three questions you would ask one character from the play and three answers he/she would give, in your opinion.
An bhfuil teideal an dráma oiriúnach, dar leat? Cén fáth?	Is the title of the play suitable, do you think? Why?
An bhfuil tús/deireadh an dráma éifeachtach? Tabhair dhá fháth le do thuairim.	Is the beginning/ending of the play effective? Give two reasons for your opinion.
Ar thaitin an dráma leat? Luaigh dhá fháth.	Did you enjoy the play? Mention two reasons.
Conas a mhothaigh tú nuair a léigh tú an dráma? Cén fáth?	How did you feel when you read the play? Why?

How to answer literature questions
- Use examples from the text.
- Give your opinion.
- Fill the amount of space available for the answer.
- Be as accurate as you can – grammar and spelling are marked.

If asked why in a question, always give two answers.

Other useful vocabulary

I mo thuairimse féin …	In my own opinion …
Is dóigh liom go …	I think that …
Ceapaim/Measaim/Sílim …	I think …
Thaitin … liom.	I liked …
Níor thaitin … liom.	I didn't like …
Is/Ní maith liom …	I like/don't like …
Bhain mé taitneamh as …	I enjoyed …
Is aoibhinn liom …	I love …
Is féidir liom ionannú le …	I can relate to …
Caithfidh mé a rá go …	I have to say that …
Caithfidh mé a admháil go …	I must admit that …
Mhothaigh mé … ag léamh an …	Reading the …, I felt …
Bhí trua agam do …	I had pity for …
Chuir … isteach orm.	… annoyed me.

Baineadh geit asam nuair a …	I got a fright when …
Déanann an t-údar plé ar …	The author discusses …
Faightear léargas ar …	We get an insight into …
Léiríonn an … go bhfuil …	The … shows that …
Tugtar faoi deara …	It is noticed …
Is léir go bhfuil …	It is clear that …
Tarlaíonn …	… happens.
Ciallaíonn …	… means …
Feicimid … sa …	We see … in the …
Baineann … úsáid as …	… makes use of …
Oibríonn an … go maith/go héifeachtach.	The … works well/effectively.
Tá … éasca le tuiscint.	… is easy to understand.
Feictear téama an …	The theme of … is seen.
Is téama … é.	It is a … theme.
Is é … téama an …	… is the theme of the …
Tá an … suite …	The … is set …
Is léir gur duine … é/í.	It is clear that he/she is a … person.
Tá neart mothúchán le feiceáil sa …	There are a lot of emotions to be seen in the …
Is é an mothúchán is láidre ná …	The strongest emotion is …
Tá … le brath sa …	… can be felt in the …
Tá atmaisféar … le feiceáil.	A(n) … atmosphere can be seen.
Sílim gurb é an eachtra is mó ná …	I think the biggest event is …
Measaim gurb é an eachtra is tábhachtaí ná …	I think the most important event is …

Téamaí			
caidrimh	relationships	díoltas	revenge
fadhbanna teaghlaigh	family problems	grá	love
saol an duine óig	life of a young person	scoil	school
teicneolaíocht	technology	trioblóidí an tsaoil	life problems

Mothúcháin			
brón	*sadness*	dearfachas	*positivity*
díomá	*disappointment*	diúltachas	*negativity*
éad	*jealousy*	fearg	*anger*
frustrachas	*frustration*	grá	*love*
náire	*shame*	sonas	*happiness*
teannas	*tension*	uaigneas	*loneliness*

Tréithe pearsantachta			
amaideach	*foolish*	aisteach	*strange*
áthasach	*happy*	beomhar	*lively*
ceanndána	*stubborn*	cróga	*brave*
foighneach	*patient*	greannmhar	*funny*
láidir	*strong*	leithleach	*selfish*
neirbhíseach	*nervous*	réalaíoch	*realistic*
saonta	*naïve*	suimiúil	*interesting*

Sample Questions and Answers

Sample question 1 (novel)

Ainmnigh *úrscéal* ó **Liosta Téacsanna Dualgais T2** a ndearna tú staidéar air le linn do chúrsa agus a bhfuil carachtar spéisiúil ann.

Ní mór teideal an úrscéil sin, ainm an údair agus ainm an charachtair spéisiúil a scríobh síos go cruinn.

Teideal an úrscéil:
Ainm an údair:
Ainm an charachtair spéisiúil ón úrscéal:

> Know your titles and authors and characters inside out!

Ransú smaointe

This is a rough-work area. Use it to gather your thoughts and make a plan.

(a) Déan cur síos ar **dhá** thréith de chuid an charachtair spéisiúil sin. Tabhair sampla **amháin** ón úrscéal i gcás gach ceann de na tréithe sin.

Tréith 1:
Sampla ón úrscéal:
Tréith 2:
Sampla ón úrscéal:

Use the full space provided for your answers if you can. Use the question to help you start your answer. Keep an eye on spelling and grammar.

(b) Tá RTÉ chun scannán a dhéanamh den úrscéal atá ainmnithe agat ach níl siad sásta le críoch an úrscéil mar atá. Scríobh críoch eile le haghaidh an úrscéil don scannán.

> Don't overthink this question. Start by picking a point where you are going to start the new end of the story. Make a small plan and go with it. As always, watch your grammar and spelling.

SEC Sample Paper 2020

Sample answer 1

Teideal an úrscéil: *Cúpla*

Ainm an údair: Ógie Ó Céilleachair

Ainm an charachtair spéisiúil ón úrscéal: Sharon

(a) **Déan cur síos ar dhá thréith de chuid an charactair spéisiúil sin. Tabhair sampla amháin ón úrscéal i gcás gach ceann de na tréithe sin.**

Tréith 1: Leithleach

Sampla ón úrscéal: Níl aon dabht ach gur duine leithleach í Sharon. Nuair a bhuaileann sí leis na cailíní ón mBaile Mór tosaíonn sí ag éirí drochbhéasach le hÉile. Níl sí cineálta lena deirfiúr ar chor ar bith, i gcónaí ag tabhairt freagraí borba agus mímhúinte uirthi. Ar scoil tá sí leithleach mar bíonn sí ag pleidhcíocht go minic agus ní thugann sí seans do na daltaí eile foghlaim sa rang. Déanann sí bulaíocht ar Julie go minic – ag caitheamh a mála scoile amach an fhuinneog, mar shampla.

Tréith 2: Ceanndána

Sampla ón úrscéal: Is léir gur duine ceanndána í Sharon chomh maith. Déanann sí pé rud is mian léi agus ní bhíonn eagla uirthi roimh éinne. Nuair a fheiceann sí a daid ag pógadh an mhúinteora baineann sí úsáid as an eolas chun a slí féin a fháil. Ní thugann a mam cead di chun dul chuig an dioscó ach tá ar a daid ligean di dul ann, mar tá sé ag iarraidh an t-eolas a choimeád faoi rún. Chomh maith leis sin, tagann sí abhaile ar meisce go minic agus is cuma léi. Ní thugann sí aon mhíniú ar an scéal dá tuistí.

(b) **Tá RTÉ chun scannán a dhéanamh den úrscéal atá ainmnithe agat ach níl siad sásta le críoch an úrscéil mar atá. Scríobh críoch eile le haghaidh an úrscéil don scannán.**

Bhí Éile ar an urlár. Níor bhog sí. Thuig Sharon ar an bpointe an rud a rinne sí. Bhí a deirfiúr bhocht ina luí ar an talamh agus dath bán uirthi. Shuigh Sharon síos ar an urlár. Tháinig aiféala an domhain uirthi. Smaoinigh sí ar an gcruachás a chruthaigh sí dá tuistí, agus dá deirfiúr.

Shocraigh sí sa nóiméad seo í féin agus a slite a athrú. Thosaigh Éile ag bogadh agus ag teacht chuici féin. Bhí cuma scanraithe ar a haghaidh. Thosaigh Sharon ag caoineadh agus rith sí amach an doras.

An lá dar gcionn, bhí comhrá idir na cailíní. Dúirt Sharon go raibh brón an domhain uirthi faoin trioblóid go léir a chruthaigh sí. D'éirigh sé soiléir gur bhraith Sharon éadmhar toisc go raibh Éile chomh maith sin ag imirt spóirt agus go raibh caithimh aimsire deasa aici. Níor thuig sí go raibh Éile i gcónaí ag iarraidh aire a thabhairt di.

D'fhan Éile ciúin agus d'éist sí lena raibh á rá ag Sharon. Shocraigh siad gach rud a chur taobh thiar díobh agus bogadh ar aghaidh lena saol. Chaith siad tréimhse spraíúil sa Ghaeltacht an samhradh sin. Bhuail an bheirt acu le cairde deasa agus chaith siad na laethanta ag foghlaim Gaeilge ar maidin agus ag déanamh spóirt le chéile gach tráthnóna.

LITERATURE

> Nuair a chuaigh siad abhaile tar éis na tréimhse sa Ghaeltacht, bhí ionadh an domhain ar a dtuistí. Bhí an cúpla ag gáire, ag comhrá agus ag pleidhcíocht go spraíúil le cheile. Níor chreid Timmy ná Máiréad a súile – níor chuir siad aon cheist!
>
> Bhí dea-scéal acu freisin. Shocraigh siad triail eile a bhaint as an gcaidreamh. Bhí an teaghlach ar ais le chéile arís. Ní neart go cur le chéile.

Sample question 2 (novel)

Ainmnigh *úrscéal* ó **Liosta Téacsanna Dualgais T2** a ndearna tú staidéar air le linn do chúrsa.

Ní mór teideal an úrscéil agus ainm an údair a scríobh síos go cruinn.

Teideal an úrscéil:	Daideo
Ainm an údair:	Áine Ní Ghlinn

Ransú smaointe

(a) Scríobh nóta faoi phríomhthéama an úrscéil seo.

Is é an tolc príomhtheama an Urscéil seo, ita an t-olc le feicéail nuair a bhronn daideo pram isteach sa charr agus tagann sednaí do chur é a chur ina chodladh

> *Scríobh nóta* = Write a note. This should be two to three sentences long.

(b) Conas a mhothaíonn tú ag léamh an urscéil?

Ar dtús mothaím brónach ag léamh an urscéil. Níl Liam sásta lena shaol agus tá sé ag iarraidh éalú. Ní duine deas é a dhaid – bíonn sé foréigneach lena mháthair.

> How do you feel? *Mothaím* … (*brónach*, *áthasach*, etc.).

(c) Cén carachtar is fearr leat san úrscéal? Tabhair dhá fháth le do fhreagra.

Ainm an carachtair: Fear na dticéad

Fáth 1: Is fearr liom Fear na dticéad toisc gur duine cliste é. Coimeadann sé súil ar Liam ón uair a thagann sé ar an traein agus tuigeann sé nach bhfuil gach rud i gceart.

Fáth 2: Is laoch an úrscéil é Fear na dticéad mar sabhálann sé Liam sa deireadh. Cuireann sé ceisteanna ar Liam ar an traein chun fios rud a dhéanamh cuireann sé glaoch ar na gardaí nuair a shrácheann an traein an stáisiún.

> Keep it simple. Explain why you like your chosen character. *Is fearr liom … mar …*

Sample answer 2

Ainm an úrscéil: *Daideo*
Ainm an údair: Áine Ní Ghlinn

(a) Scríobh nóta faoi phríomhthéama an úrscéil seo.

Is é an t-olc príomhthéama an úrscéil seo. Tá an t-olc le feiceáil nuair a bhrúnn Daideo Liam isteach sa charr agus tugann sé drugaí dó chun é a chur ina chodladh. Eachtra olc atá ann, gan dabht.

(b) Conas a mhothaíonn tú ag léamh an úrscéil?

Ar dtús mothaím brónach ag léamh an úrscéil. Níl Liam sásta lena shaol agus tá sé ag iarraidh éalú. Ní duine deas é a dhaid – bíonn sé foréigneach lena mháthair. Lá amháin caitheann sé cathaoir léi. Ansin buailimid le Daideo agus mothaím níos fearr toisc gur duine deas é agus cabhraíonn sé le Liam. Ach ansin mothaím eaglach mar tuigimid nach duine deas é Daideo agus go bhfuil sé ag iarraidh Liam a thabhairt leis. Is úrscéal brónach é.

(c) **Cén carachtar is fearr leat san úrscéal? Tabhair dhá fháth le do fhreagra.**

Ainm an charachtair: Fear na dticéad

Fáth 1: Is fearr liom fear na dticéad toisc gur duine cliste é. Coimeádann sé súil ar Liam ón uair a thagann sé ar an traein agus tuigeann sé nach bhfuil gach rud i gceart. Chomh maith leis sin, aithníonn sé Daideo ón lá a chuaigh buachaill eile ar iarraidh.

Fáth 2: Is laoch an úrscéil é fear na dticéad mar sábhálann sé Liam sa deireadh. Cuireann sé ceisteanna ar Liam ar an traein chun fiosrú a dhéanamh. Cuireann sé glaoch ar na gardaí nuair a shroicheann an traein an stáisiún. Is laoch é, gan dabht.

Sample question 3 (short story)

Ainmnigh *gearrscéal* ó **Liosta Téacsanna Dualgais T2** a ndearna tú staidéar air. Ní mór teideal an ghearrscéil sin agus ainm an údair a scríobh síos go cruinn.

| Teideal an ghearrscéil: |
| Ainm an údair: |

The title and author's name are crucial for every literature question.

Ransú smaointe

Write your plan or thoughts here.

(a) Déan cur síos gairid ar thús an ghearrscéil *nó* ar chríoch an ghearrscéil.

> Give a simple but detailed description of the start or the end of your chosen short story.

(b) Maidir leis an ngearrscéal atá ainmnithe agat, bronn marc as 10 air. Mínigh an fáth ar bhronn tú an marc sin.

> Your opinion is needed here. Mark the short story out of 10 and give reasons for this.
> Use the conditional: *Bhronnfainn* ... = I would give/award ...

SEC Exam Paper 2022

LITERATURE

Sample answer 3

Teideal an ghearrscéil: 'Spás'

Ainm an údair: Mícheál Ó Ruairc

(a) **Déan cur síos gairid ar thús an ghearrscéil nó ar chríoch an ghearrscéil.**

Ag tús an ghearrscéil tá Pádraigín ina suí sa seomra ranga. Níl sí ag éisteacht leis an múinteoir. Tá sí ag brionglóideach sa rang. Níl sí sásta. Tá sí ag iarraidh spáis. Níl a spás féin aici sa bhaile na laethanta seo mar tá leanbh nua sa teach. Roinneann sí seomra lena deirfiúr faoi láthair agus ní réitíonn siad lena chéile. Níl spás aici sa scoil ach oiread mar bhog an múinteoir go dtí barr an ranga í. Tosaíonn an gearrscéal le Pádraigín ar scoil ina suí sa rang ag smaoineamh faoi na rudaí seo go léir.

(b) **Maidir leis an ngearrscéal atá ainmnithe agat, bronn marc as 10 air. Mínigh an fáth ar bhronn tú an marc sin.**

Bhronnfainn 10 marc as 10 ar an ngearrscéal seo mar tuigim Pádraigín. Tá sí brónach ina saol agus mothaíonn sí nach bhfuil spás aici. Mar dhéagóir, is féidir liom ionannú léi. Roinnim seomra le mo dheirfiúr freisin agus níl sé éasca. Bímid ag argóint ó am go chéile. Tá trua agam do Phádraigín mar níl cead aici labhairt le Diarmaid. Níl saoirse ar bith aici. Ceapaim go bhfuil an scéal an-oiriúnach domsa mar sin. Chomh maith leis sin, is maith liom an caidreamh atá aici lena seanmháthair. Is aoibhinn liom mo sheanmháthair féin freisin.

nó

Bhronnfainn 10 marc as 10 ar an ngearrscéal seo mar is aoibhinn liom an téama. Tá easpa cumarsáide le feiceáil sa ghearrscéal i dteaghlach Phádraigín agus is téama coitianta é sin in a lán tithe na laethanta seo. Tá sé tábhachtach go labhraíonn déagóirí le duine éigin nuair a mhothaíonn siad faoi bhrú. Caitheann siad réitigh a fháil ar a gcuid fadhbanna. Mar sin is maith liom go bpléann an gearrscéal 'Spás' leis an téama seo.

Sample question 4 (short story)

Ainmnigh *gearrscéal* ó **Liosta Téacsanna Dualgais T2** a ndearna tú staidéar air.

Ní mór teideal an ghearrscéil sin, ainm an údair agus téama an ghearrscéil a scríobh síos go cruinn.

| Teideal an ghearrscéil: |
| Ainm an údair: |
| Téama an ghearrscéil: |

Ransú smaointe

(a) Conas a chuireann an t-údar an téama in iúl dúinn sa ghearrscéal?

> This question is about how the author portrays the theme. Think techniques, characters, images.

(b) Déan cur síos ar an mbuaicphointe sa ghearrscéal.

> This is about the climax of the story – the main event!

(c) Scríobh **dhá** cheist a chuirfeá ar phríomhcharachtar an ghearrscéil agus scríobh an dá fhreagra a thabharfadh sé/sí freisin.

Carachtar:
Ceist 1:
Freagra:
Ceist 2:
Freagra:

What you would ask the main character, and what answers would they give?

Sample answer 4

Teideal an ghearrscéil: 'An Cluiche Mór'
Ainm an údair: Ógie Ó Céilleachair
Téama an ghearrscéil: Spórt

(a) **Conas a chuireann an t-údar an téama in iúl dúinn sa ghearrscéal?**

Is é an spórt an téama is láidre sa ghearrscéal seo. Déanann an t-údar cur síos ar lá i saol déagóra ag imirt iománaíochta ar son a chontae. Is trí shúile an déagóra a fheictear an scéal agus feicimid an lá ar fad – an turas chuig Páirc Uí Chrócaigh ar an mbus, na poic agus na scóir sa chluiche, go dtí go séidtear an fheadóg dheireanach sa chluiche. Seasann téama an spóirt amach i ngach líne.

(b) **Déan cur síos ar an mbuaicphointe sa ghearrscéal.**

Tagann an buaicphointe ag deireadh an ghearrscéil nuair a fhaigheann an scéalaí an scór deireanach agus buann a fhoireann an cluiche. Smaoiníonn an scéalaí faoina athair ag féachaint anuas air go bródúil. Creideann sé go dtugann a athair misneach dó i rith an chluiche. Cloiseann sé a athair ina chluas roimh dheireadh an chluiche. Ritheann sé suas an pháirc sa nóiméad deireanach agus buaileann sé an sliotar thar an trasnán. Féachann sé suas i dtreo na neimhe agus a athar agus gabhann sé buíochas lena athair.

(c) Scríobh dhá cheist a chuirfeá ar phríomhcharachtar an ghearrscéil agus scríobh an dá fhreagra a thabharfadh sé/sí freisin.

Carachtar: An fear óg

Ceist 1: Conas a mhothaigh tú nuair a fuair tú amach go raibh tú ag imirt an lá sin?

Freagra: Bhí mé an-neirbhíseach mar bhí a fhios agam go raibh an fhoireann eile an-láidir. Chuala mé scéalta faoin Súilleabhánach agus bhí a fhios agam go mbeadh an cluiche deacair agus garbh. Bhí brú orm freisin mar fuair m'athair bás agus bhí a fhios agam go mbeadh sé an-bhródúil asam a bheith ag imirt i bPáirc an Chrócaigh. Ba mhaith liom iarracht mhaith a dhéanamh nuair a fuair mé an seans imirt i staid mhór ar nós Pháirc an Chrócaigh.

Ceist 2: An raibh eagla ort roimh an Súilleabhánach?

Freagra: Ní raibh eagla orm roimhe mar bhí aithne agam air agus bhí a chuid cleas go léir ar eolas agam. Chomh maith leis sin, bhí mé muiníneach as mo chuid scileanna féin agus, cé go bhfuilim óg, is imreoir cróga agus sciliúil mé freisin. Bhí a fhios agam go mbeadh m'athair ag féachaint anuas orm agus ag tabhairt cabhrach agus misnigh dom i rith an chluiche.

Sample question 5 (short story)

Ainmnigh *gearrscéal* ó **Liosta Téacsanna Dualgais T2** a ndearna tú staidéar air.

Ní mór teideal an ghearrscéil sin, ainm an údair agus príomhcharachtar an ghearrscéil a scríobh síos go cruinn.

Teideal an ghearrscéil:
Ainm an údair:
Príomhcharachtar an ghearrscéil:

Ransú smaointe

(a) Scríobh nóta faoin bpríomhthéama sa ghearrscéal seo.

Write a note – this means two or three sentences.

LITERATURE 77

(b) Déan cur síos ar **dhá** thréith de chuid an phríomhcharachtair sa ghearrscéal seo.

Tréith 1:

Tréith 2:

> Don't forget to give examples from the story – this will strengthen your answer.

(c) Tabhair **dhá** chúis ar thaitin/nár thaitin an gearrscéal leat.

Cúis 1:

Cúis 2:

> Your opinion is required here.

Say you like/don't like the story because you like/don't like a character, message or a theme! You already have vocabulary and phrases to explain that.

Sample answer 5
Teideal an ghearrscéil: 'Katfish'
Ainm an údair: Ógie Ó Céilleachair
Príomhcharachtar an ghearrscéil: Kitikat

(a) **Scríobh nóta faoin bpríomhthéama sa ghearrscéal seo.**

Is iad na dainséir agus na míbhuntáistí a bhaineann leis na meáin shóisialta do dhaoine óga príomhthéama an ghearrscéil seo. Buaileann Kitikat le strainséir ar líne – fear meánaosta a ligeann air gur déagóir é. Caithfimid a bheith níos cúramaí ar líne agus go háirithe ar na meáin shóisialta.

(b) **Déan cur síos ar dhá thréith de chuid an phríomhcharachtair sa ghearrscéal seo.**

Treith 1: Thar aon rud eile is duine cliste í Kitikat. Tá sí cliste mar ní thugann sí a seoladh baile ná a huimhir teileafóin do Jon Green. Is déagóir cliste í mar déanann sí taifead dá gcomhrá nuair a bhuaileann sí leis. Chomh maith leis sin, tuigeann sí go bhfuil sé in aghaidh an dlí bualadh le fear meánaosta agus í 14 bliana d'aois. Tá ceann maith ar a gualainn aici.

Treith 2: Is léir gur cailín cróga í Kitikat. Buaileann sí le 'buachaill' nach bhfuil aithne aici air. Tá sí cróga mar níl eagla uirthi nuair a fhaigheann sí amach gur fear meánaosta atá ann. Chomh maith leis sin, tógann sí a fhón agus a chárta bainc. Tógann sí airgead uaidh agus briseann sí a fhón. Bagraíonn sí na gardaí air leis an taifead atá déanta aici. Caithfidh tú a bheith cróga chun na rudaí seo a dhéanamh.

(c) **Tabhair dhá chúis ar thaitin/nár thaitin an gearrscéal leat.**

Cúis 1: Thaitin an gearrscéal go mór liom mar tá teachtaireacht thábhachtach ann. Tá déagóirí an lae inniu gafa lena bhfón póca agus leis na meáin shóisialta. Caithfidh daoine óga a bheith cúramach ar líne agus cúramach leis an eolas a roinneann siad. Feictear an teachtaireacht go soiléir sa ghearrscéal seo agus níl aon dabht ann ach go bhfuil déagóirí an lae inniu ábalta ionannú leis.

Cúis 2: Thaitin an gearrscéal seo liom mar is aoibhinn liom Kitikat. Is duine cróga agus cliste í agus bhí an ceart aici cleas a imirt ar an bhfear, dar liom. Is maith liom a féinmhuinín chun an rud ceart a dhéanamh, cé go raibh sé dainséarach. Bhí an cleas agus an bhagairt tuillte ag Jon Green.

nó

Cúis 1: Níor thaitin an gearrscéal liom mar ní maith liom Kitikat. Tuigim go bhfaigheann sí an lámh in uachtar sa deireadh ach, fós, imríonn sí cleas ar an bhfear, goideann sí airgead agus bagraíonn sí na gardaí air. Is cosúil go bhfuil sí chomh dona le Jon Green féin.

Cúis 2: Níor thaitin an gearrscéal seo liom mar ní maith liom an chríoch. Tagann deireadh an ghearrscéil go tobann agus ní fheicimid cad a tharla i ndiaidh an chruinnithe idir Kitikat agus Jon Green. Chomh maith leis sin, feicimid an t-olcas atá in Kitikat ag an deireadh.

LITERATURE 79

Sample question 6 (poem/song)

Ainmnigh *dán/amhrán* ó **Liosta Téacsanna Dualgais T2** a bhfuil íomhá thuairisciúil ann.

Ní mór teideal an dáin/amhráin sin agus ainm an fhile/an chumadóra a scríobh síos go cruinn.

| Teideal an dáin/an amhráin: |
| Ainm an fhile/an chumadóra: |

> Again – you should know the poem/song titles and poets'/composers' names inside out.

Ransú smaointe

> You can do your rough work or a plan here if required.

(a) Cad é téama an dáin/an amhráin?

> Notice the amount of space to write your answer – only a short answer is required here.

(b) Déan cur síos ar an íomhá thuairisciúil.

> Be familiar with poetic techniques – in this case, the question is about imagery. Start with a basic description.

(c) Cén ról atá ag an íomhá thuairisciúil i gcur i láthair an téama?

> More depth and some opinion are required here. Use opinion phrases here and back up your answer with examples from the poem/song.

(d) Mínigh teideal an dáin/an amhráin agus cuir an fáth ar thaitin **nó** nár thaitin an teideal sin leat in iúl.

> Another opinion question. Notice that two things are being asked here:
> - explain the title
> - give a reason why you liked/didn't like the title.

SEC Sample Paper 2020

Sample answer 6

Teideal an dáin/an amhráin: 'Stadeolaíocht'

Ainm an fhile/an chumadóra: Marcus Mac Conghail

(a) **Cad é téama an dáin/an amhráin?**

Is é an teicneolaíocht i saol an duine téama an dáin seo. Is é an príomhphointe atá sa dán ná gur chóir an méid ama a chaitear ar an bhfón póca a laghdú mar caillfidh daoine amach ar chúrsaí an tsaoil. Sa dán seo, feictear an file ag cailleadh an bhus mar tá a cheann sáite ina fhón póca aige.

(b) **Déan cur síos ar an íomhá thuairisciúil.**

Sa dán seo, feictear fear ina sheasamh ag stad an bhus. Tar éis tamaill, déanann sé seiceáil ar a fhón póca mar b'fhéidir go bhfuil an bus déanach. Nuair a fhéachann sé ar a fhón póca, téann an bus thar bráid agus tuigeann an fear go bhfuil sé ródhéanach chun an bus a stopadh. Feiceann tiománaí an bhus an fear ach tá a cheann sáite san fhón. Ní stopann an bus.

(c) **Cén ról atá ag an íomhá thuairisciúil i gcur i láthair an téama?**

Tá ról lárnach ag an íomhá thuairisciúil i gcur i láthair an téama. Léiríonn an dán seo go n-imríonn an teicneolaíocht ról lárnach i saol an duine. Bíonn daoine sáite sna fóin póca ó mhaidin go hoíche agus cailleann siad amach ar ghnáthrudaí. Feictear sa dán seo go bhfuil sé éasca cailleadh amach ar rudaí de bharr na teicneolaíochta. Feictear go bhfuil an teicneolaíocht úsáideach chun eolas a aimsiú (ar nós amchlár an bhus) ach nuair a bhaineann daoine úsáid as an teicneolaíocht déanann siad neamhaird ar gach rud eile agus cailleann siad rudaí – sa chás seo, an bus féin!

(d) **Mínigh teideal an dáin/an amhráin agus cuir in iúl an fáth ar thaitin nó nár thaitin an teideal sin leat.**

Ní fíorfhocal é teideal an dáin seo. Chum an file é. Is comhfhocal é a chiallaíonn 'stop leis an teicneolaíocht'.

Mar sin tá 'Stadeolaíocht' againn seachas 'Teicneolaíocht'. Imeartas focal an teideal ar shuíomh an dáin freisin – stad an bhus. Taitníonn an teideal liom mar tá sé cliste. Glacann an teicneolaíocht aire an fhir. Ní stopann an teicneolaíocht an bus, áfach. Leanann an saol ar aghaidh taobh amuigh den fhón póca. Léiríonn an file go gcaithfidh daoine stop a chur le húsáid na teicneolaíochta agus taitneamh a bhaint as an saol. Caillfimid amach ar rudaí, cosúil leis an bhfear sa dán.

Sample question 7 (poem/song)

Roghnaigh *dán nó amhrán* ó **Liosta Téacsanna Dualgais T2** le haithris ag ócáid speisialta. Scríobh ríomhphost chuig do chara faoi sin.

I do ríomhphost:

- luaigh an ócáid speisialta
- mínigh an fáth a bhfuil téama an dáin/an amhráin oiriúnach don ócáid speisialta sin
- déan cur síos ar íomhá **amháin** atá ann
- luaigh mothúchán **amháin** atá ann
- luaigh pointe **amháin** eile faoin dán/amhrán.

Ní mór teideal an dáin/an amhráin sin agus ainm an duine a chum, a scríobh síos go cruinn.

Teideal an dáin/an amhráin:
Ainm an duine a chum:

> This question asks about a poem/song that would be suitable for reciting at a special occasion.

Ransú smaointe

> Try not to panic if literature questions involve something unusual. The same vocabulary will apply. If you have good knowledge of all aspects of your poem or song, you won't have any problem answering a question like this.
>
> Always come back to an image, or the theme or message of a poem.

Chuig:	cara@gmail.com
Ó:	scolaire@eircom.net
Ábhar:	Dán/amhrán Gaeilge le haithris ag ócáid speisialta

Sample answer 7

Roghnaigh *dán* nó *amhrán* ó *Liosta Téacsanna Dualgais T2* le haithris ag ócáid speisialta. Scríobh ríomhphost chuig do chara faoi sin.

I do ríomhphost:

- luaigh an ócáid speisialta
- mínigh an fáth a bhfuil téama an dáin/an amhráin oiriúnach don ócáid speisialta sin
- déan cur síos ar íomhá amháin atá ann
- luaigh mothúchán amháin atá ann
- luaigh pointe amháin eile faoin dán/amhrán.

Teideal an dáin/amhráin: 'Solas'
Ainm a duine a chum: Seo Linn
Chuig: cara@gmail.ie
Ó: scolaire@eircom.ie
Ábhar: Dán/amhrán Gaeilge le haithris ag ócáid speisialta

A Úna, a chara,

Saoirse anseo. Tá súil agam go bhfuil tú i mbarr na sláinte. Tá nuacht agam duit. Tá mé chun an t-amhrán 'Solas' a chanadh ag breithlá mo dheirféar.

Beidh mo dheirfiúr 16 bliana d'aois an tseachtain seo chugainn agus táim chun amhrán a chanadh ag an gcóisir. Ceapaim go mbeidh an t-amhrán 'Solas' thar a bheith oiriúnach di.

Is é an féinmhachnamh téama an amhráin. Bhí cúpla bliain deacair ag mo dheirfiúr le déanaí agus tá an téama seo oiriúnach mar tá sí tar éis féinmhachnamh a dhéanamh agus a saol a athrú. Is duine nua í anois agus í ag iarraidh a cuid aislingí a fhíorú. Feicim solas ina croí agus ina súile arís. Táim bródúil aisti.

Tá íomhá álainn san amhrán nuair a lasann croí an liriceora arís: 'B'í an lasair im' chroí a spreag dom an tseanmhian.' Is íomhá álainn í seo mar feicimid go bhfuil an liriceoir réidh chun athrú a dhéanamh ina saol, cosúil le mo dheirfiúr ina saol féin.

An dóchas an mothúchán is láidre atá san amhrán agus is aoibhinn liom é sin. Níl aon dóchas ag an liriceoir ag tús an amhráin ach ag deireadh an amhráin tá an liriceoir lán le dóchas. Dhúisigh rud éigin ina chroí.

Tá curfá álainn ag an amhrán chomh maith. Molann sé dúinn gan a bheith sa dorchacht ach a bheith sa solas. Is teachtaireacht láidir agus chumhachtach í sin.

Bhuel, sin é, a chara. Cad a cheapann tú? An cinneadh maith é seo?

Scríobh ar ais chugam le do thuairimí.

Do chara buan,

Saoirse

LITERATURE 85

Sample question 8 (poem/song)

Roghnaigh *dán nó amhrán* ó **Liosta Téacsanna Dualgais T2** a ndearna tú staidéar air le linn do chúrsa.

Ní mór teideal an dáin/amhráin agus ainm an fhile/chumadóra a scríobh síos go cruinn.

| Teideal an dáin/an amhráin: |
| Ainm an fhile/chumadóra: |

| Ransú smaointe |

(a) Cad é an mothúchán is láidre sa dán/amhrán seo? Mínigh do thuairim.

> Always have a few sentences prepared on the emotions of a poem/song. This is a very common question.

(b) Déan cur síos ar íomhá a thaitin leat sa dán/amhrán seo. Tabhair **dhá** fháth.

> Another common question deals with images. In this case, use quotes from the poem/song. It's a good idea to learn at least two quotes from each poem/song.

| Íomhá: |
| Fáth 1: |
| Fáth 2: |

(c) An bhfuil teideal an dáin/amhráin seo oiriúnach, dar leat? Cén fáth?

> This is an opinion question. Very often, the title has a direct link with the message, an image or a character.

Sample answer 8

Teideal an dáin/amhráin: 'An Ghealach'
Ainm an fhile/chumadóra: Caitríona Ní Chléirchín

(a) **Cad é an mothúchán is láidre sa dán/amhrán seo? Mínigh do thuairim.**

Ceapaim gurb é an dóchas an mothúchán is láidre sa dán seo. Tá solas na gealaí ag tabhairt dóchais don fhile agus í ar a turas féin tríd a saol. Tá an ghealach ann mar chara ag an bhfile. Tugann an ghealach cabhair, treoir agus fuinneamh don fhile. Braitheann an file an ghealach in éineacht léi ag tabhairt treoracha agus comhairle di: 'mo chara ar an bhóthar'. Mar sin, is léir gurb é an dóchas an mothúchán is láidre sa dán. Tugann an ghealach dóchas don fhile lena comhluadar.

(b) **Déan cur síos ar íomhá a thaitin leat sa dán/amhrán seo. Tabhair dhá fháth.**

Íomhá: Is aoibhinn liom íomhá na gealaí cosúil le spéirbhean sa dán seo: 'banríon na spéartha'.

Fáth 1: Is maith liom an íomhá seo mar seasann an bhanríon leis an bhfile agus í ar a turas féin. Taispeánann sé an chumhacht atá ag an ngealach thuas sa spéir ag tabhairt dóchais don fhile. Feiceann an file an ghealach mar chara: 'mo chara ar an bhóthar'.

Fáth 2: Chomh maith leis sin, cruthaíonn an file atmaisféar slán sábháilte leis an íomhá seo. Tá banríon na spéartha ag féachaint anuas ar an bhfile, ag tabhairt aire di. Tugann sé sin dóchas agus comhluadar di agus í ar a turas sa dorchadas.

(c) **An bhfuil teideal an dáin/amhráin seo oiriúnach, dar leat? Cén fáth?**

Tá teideal an dán seo oiriúnach. Is faoin ngealach ag lonrú sa spéir an dán seo. Déanann an file cur síos ar an ngealach mar bhanríon na spéartha, ag tabhairt comhairle agus treoracha don fhile. Is féidir linn an ghealach a shamhlú go soiléir ón íomhá seo. Mar sin, tá an teideal thar a bheith oiriúnach. Is carachtar lárnach í an ghealach sa dán.

Sample question 9 (poem/song)

Roghnaigh *dán nó amhrán* ó **Liosta Téacsanna Dualgais T2** a ndearna tú staidéar air le linn do chúrsa.

Ní mór teideal an dáin/amhráin agus ainm an fhile/chumadóra a scríobh síos go cruinn.

Teideal an dáin/an amhráin:
Ainm an fhile/chumadóra:

Ransú smaointe

(a) Scríobh nóta faoi shuíomh an dáin/amhráin seo.

> This question involves describing the setting of the poem/song. What is going on? What can you see?

(b) An bhfuil téama an dáin/amhráin seo tábhachtach, dar leat? Cén fáth?

> This is an opinion question. It is usually best to say yes to questions like these. Explain the message of the song/poem and say that people can relate to it: *Is féidir le daoine ionannú leis an dán/amhrán ...*

(c) Scríobh ríomhphost chuig an bhfile/gcumadóir ag léiriú do thuairimí faoin dán/amhrán.
   Luaigh na pointí seo:
   • teachtaireacht an dáin/amhráin
   • íomhá **amháin** a thaitin leat.

Chuig:
Ó:
Ábhar:

Always stick to the points you are asked to discuss.

Sample answer 9

Ainm an dáin/an amhráin: 'Jeaic ar Scoil'

Ainm an fhile/chumadóra: Dairena Ní Chinnéide

(a) **Scríobh nóta faoi shuíomh an dáin/amhráin seo.**

Tá dhá shuíomh sa dán seo. Feicimid buachaill ina sheasamh ag stad an bhus ag iarraidh a bheith neamhspleách óna mháthair: 'I'll wait by myself.'
Ag deireadh an dáin, feicimid an mháthair sa bhaile ina haonar tar éis di an buachaill a fhágáil ag stad an bhus. B'fhéidir go bhfuil imní uirthi agus í ag féachaint ar a mac.

(b) **An bhfuil téama an dáin/amhráin seo tábhachtach, dar leat? Cén fáth?**

Is é an grá an téama is láidre sa dán agus feicimid go bhfuil grá láidir ag an máthair dá mac. Bhí sí ag iarraidh póg a thabhairt dó ag stad an bhus. Ag deireadh an dáin, tá an mháthair fós ag féachaint ar an mbuachaill mar go bhfuil an méid sin grá aici dó. Is téama tábhachtach é seo mar taispeánann sé an grá agus an aire a thugann ár dtuismitheoirí dúinn. Uaireanta ní thugaimid faoi deara an grá seo agus tá sé tábhachtach cuimhneamh go bhfuil grá tuismitheora i gcónaí ann, cé nach bhfuil sé ag teastáil ón bpáiste uaireanta!

(c) **Scríobh ríomhphost chuig an bhfile/gcumadóir ag léiriú do thuairimí faoin dán/amhrán.**

Luaigh na pointí seo:
- teachtaireacht an dáin/amhráin
- íomhá amháin a thaitin leat.

Chuig: dairenanichinneide@gaeilge.ie

Ó: dalta@gaeilge.ie

Ábhar: 'Jeaic ar Scoil'

A Dhairena, a chara,

Tá súil agam go bhfuil tú i mbarr na sláinte. Rinne mé staidéar ar an dán 'Jeaic ar Scoil' le déanaí agus ba mhaith liom mo thuairimí a roinnt leat.

Ar dtús, is aoibhinn liom an teachtaireacht sa dán seo. Feicimid grá máthar ó thús go deireadh an dáin agus is teachtaireacht an-deas í seo. Is dán grá difriúil é seo a thaispeánann grá teaghlaigh. Tá an teachtaireacht ann go bhfuil grá ag tuistí dá bpáistí i gcónaí. Uaireanta ní maith le páistí nuair a thaispeánann a dtuistí an grá seo agus is féidir liom ionannú leis sin. Tá an dán seo bunaithe ar an teachtaireacht go bhfuil grá máthar dá páiste láidir agus is maith liom é sin.

Tá neart íomhánna deasa sa dán seo ach an mháthair ag féachaint trí na cuirtíní an ceann is fearr liom: 'Go dtugfainn leathshúil fén gcuirtín / Go n-imeodh sé slán'. Seasann an íomhá seo amach dom mar taispeánann sé go bhfuil grá láidir ag an máthair dá mac agus go mbeadh imní uirthi i gcónaí faoi. Is íomhá ghrámhar agus chumhachtach í, cosúil le cumhacht an ghrá.

Seo iad mo thuairimí. Bhain mé taitneamh as an dán.

Le gach dea-ghuí,

Abdul

Sample question 10 (poem/song)

Roghnaigh *dán/amhrán* ó **Liosta Téacsanna Dualgais T2** a ndearna tú staidéar air.

Ní mór teideal an dáin/an amhráin sin agus ainm an duine a chum a scríobh síos go cruinn.

| Teideal an dáin/an amhráin: |
| Ainm an duine a chum: |

| Ransú smaointe |

(a) Déan cur síos gairid ar **dhá** íomhá sa dán/san amhrán a thaitníonn leat.

| Íomhá 1: |

| Íomhá 2: |

> Images in poems/songs are important things to know. Prepare at least two images from each poem/song that you can explain and show your opinion on.

(b) Déan cur síos gairid ar mhothúchán **amháin** a spreagann an dán/an t-amhrán ionat féin.

> Use the question to help phrase your answer: 'Spreagann an dán seo ... ionam mar ...'

SEC Exam Paper 2023

Sample answer 10

Teideal an dáin/an amhráin: 'An Grá'

Ainm an duine a chum: Colm Breathnach

(a) **Déan cur síos gairid ar dhá íomhá sa dán/san amhrán a thaitníonn leat.**

Íomhá 1: Feicimid íomhá álainn den bhaile agus na locha, na gairdíní agus na páirceanna: 'na páirceanna is na garraithe thart air'. Samhlaím an dath glas agus an aimsir gheal leis an gcur síos sin.

Íomhá 2: Is maith liom an íomhá de mhuintir na háite ag déanamh a ngnó in oifig an phoist: 'oifig an phoist go mbíonn muíntir na háite / istigh ann i mbun gnó is ag cadráil'. Is baile beomhar agus gnóthach é agus is féidir liom é a shamhlú go soiléir ón íomhá seo.

(b) **Déan cur síos gairid ar mhothúchán amháin a spreagann an dán/an t-amhrán ionat féin.**

Spreagann an dán seo grá i mo chroí. Feictear go bhfuil grá áite láidir ag an bhfile agus feictear an fáth. Déanann sé cur síos grámhar ar an mbaile agus mothaím é sin: 'Áit is ea An Grá'. Feicim baile beag lán ina bhfuil daoine cáirdiúla a thugann aire don bhaile agus dá chéile. Mothaím an grá ann.

Sample question 11 (play)

Ainmnigh an dráma ó **Liosta Téacsanna Dualgais T2** a ndearna tú staidéar air le linn do chúrsa.

Ní mór teideal an dráma sin agus ainm an scríbhneora a scríobh síos go cruinn.

Teideal an dráma:
Ainm an scríbhneora:

> You should know the title of the play and the name of the playwright inside out.

Ransú smaointe

Write thoughts, plans and rough work here.

(a) Déan cur síos ar bhuaicphointe an dráma.

> Be familiar with question vocabulary. There is a climax in every play. Know what it is.

(b) Cad a mhothaigh tú féin faoi bhuaicphointe an dráma? Cuir fáthanna le do fhreagra.

> Expect opinion questions. You need to be able to describe your own feelings about the play.

(c) Scríobh síos **trí cheist** a chuirfeá ar do rogha carachtar **amháin** ón dráma atá ainmnithe agat maidir lenar tharla dó/di sa dráma agus na **trí fhreagra** is dóigh leat a thabharfadh sé/sí.

Is féidir leat do chuid ceisteanna a bhunú ar na focail sa liosta thíos, más mian leat. Bíodh mioneolas as an dráma i ngach aon fhreagra.

do ról, ról carachtar eile, tréith, tionchar, ceacht, mothúchán, tábhacht.

Ainm an charachtair:
Ceist 1:
Freagra:
Ceist 2:
Freagra:
Ceist 3:
Freagra:

> Some opinion questions, like this one, will require you to think outside the box and be creative in your answer. When doing this, try not to overcomplicate your sentences. Use phrases you are familiar with.
> If the question gives you key words, use them.
> Be careful about your grammar and spelling.

SEC Sample Paper 2020

Sample answer 11

Teideal an dráma: *Gleann Álainn*

Ainm an scríbhneora: Brian Ó Baoill

(a) Déan cur síos ar bhuaicphointe an dráma.

I mo thuairim is é buaicphointe an dráma nuair atá gach duine sa seomra cúirte agus dealraíonn sé go n-éalóidh Séamus Dubh agus Peadairín gan phionós. Go tobann, ritheann Seosamh isteach agus fianaise ó na grianghraif aige. Feictear Séamus Dubh agus Peadairín sna grianghraif ag dumpáil bruscair go mídhleathach. Níl dabht ar bith ach go bhfuil na déagóirí ag insint na fírinne agus go bhfuil na fir ciontach. Gearrann an breitheamh fíneáil €800 ar an mbeirt.

(b) Cad a mhothaigh tú féin faoi bhuaicphointe an dráma? Cuir fáthanna le do fhreagra.

Mhothaigh mé faoiseamh faoi bhuaicphointe an dráma. Cheap mé go raibh na fir chun éalú gan pionós ar bith agus ní raibh sé sin cóir ná cothrom. Bhí áthas orm nuair a rith Seosamh isteach sa seomra cúirte leis an bhfianaise. Tá ár dtimpeallacht sárthábhachtach dúinn agus níl sé ceart dumpáil mhídhleathach a dhéanamh. Mar sin, táim thar a bheith sásta gur gearradh pionós ar an mbeirt fhear sa dráma.

(c) Scríobh síos trí cheist a chuirfeá ar do rogha carachtar amháin ón dráma atá ainmnithe agat maidir lenar tharla dó/di sa dráma agus na trí fhreagra is dóigh leat a thabharfaidh sé/sí. Bíodh mioneolas as an dráma i ngach aon fhreagra.

Ainm an charachtair: Seosamh

Ceist 1: Cén sórt duine thú, a Sheosaimh?

Freagra: An tréith is mó atá agam ná gur duine cliste mé. Shocraigh mé pictiúr a ghlacadh nuair a chonaic mé na fir ag dumpáil bruscair faoin tuath. Thuig mé go mbeadh sé tábhachtach fianaise a bheith againn. Ach caithfidh mé a rá gur duine dearmadach mé freisin mar rinne mé dearmad ar an gceamara. D'fhág mé i mo dhiaidh é.

Ceist 2: An bhfuil suim rómánsúil agat i Sinéad?

Freagra: Caithfidh mé a rá go bhfuil cion agam ar Shinéad. Bhí mé ag iarraidh caint léi ina haonar agus is é sin an fáth a rabhamar ag siúl le chéile gan an dream eile. Chomh maith leis sin, tá na suimeanna céanna againn. Ceapann an bheirt againn go mbaineann fíorthábhacht leis an timpeallacht agus go bhfuil dumpáil mhídhleathach go huile is go hiomlán mícheart. Sin an fáth a ndearna mé mo dhícheall an fhianaise a fháil don chás cuirte. Bhíomar sásta gur gearradh pionós ar na fir.

Ceist 3: Cén fáth, an dóigh leat, ar inis Éamonn Beag bréag sa chás cúirte?

Freagra: Ceapaim go raibh sé deacair d'Éamonn Beag de bharr a naisc le Séamus Dubh. B'fhéidir gur chuir Séamus brú air bréag a insint chun cabhrú leis éalú gan phionós. Ceapaim gur duine maith é Éamonn Beag, áfach, agus tuigim go raibh sé deacair agus amscaí dó déileáil lena uncail. Thug mé maithiúnas dó sa deireadh.

LITERATURE 95

Sample question 12 (play)

Ainmnigh an *dráma* ó **Liosta Téacsanna Dualgais T2** a ndearna tú staidéar air le linn do chúrsa.

Ní mór teideal an dráma sin agus ainm an scríbhneora a scríobh síos go cruinn.

| Teideal an dráma: |
| Ainm an scríbhneora: |

Ransú smaointe

(a) Cad é príomhthéama an dráma? Cén carachtar a chuireann an príomhthéama in iúl sa dráma? Conas a dhéanann an carachtar é seo?

| Príomhthéama an dráma: |
| Carachtair a chuireann an príomhthéama in iúl: |
| |

> Watch out for questions with multiple parts. Normally these will be clear, but always make sure you answer every part.

(b) Scríobh nóta faoin radharc is fearr sa dráma, dar leat. Tabhair **dhá** fháth le do fhreagra.

Radharc:

Fáth 1:

Fáth 2:

> This question asks about the best scene, in your opinion. Describe what happens in the scene and why it is your favourite.

(c) An athrófá deireadh an dráma seo? Cén fáth?

Sample answer 12

Teideal an dráma: *Gleann Álainn*

Ainm an scríbhneora: Brian Ó Baoill

(a) Cad é príomhthéama an dráma? Cén carachtar a chuireann an phríomhthéama in iúl sa dráma? Conas a dhéanann an carachtar é seo?

Príomhthéama an dráma: An timpeallacht

Carachtar a chuireann an phríomhthéama in iúl: Sinéad

Cuireann Sinéad an phríomhthéama in iúl sa dráma seo. Feiceann Sinéad agus Seosamh bruscar ar fud na háite agus iad amuigh ag péinteáil sa ghleann. Feictear málaí plaisteacha chomh maith le seanleapacha agus cannaí stáin ar an talamh. Cuireann sé déistin uirthi.

Go tobann, feiceann siad fir ag dumpáil bruscair san áit. Aithníonn Sinéad na fir agus socraíonn sí rud éigin a dhéanamh faoi. Eagraíonn sí agóid taobh amuigh d'oifigí na Comhairle Contae. Seasann Sinéad in aghaidh na bhfear agus a hathar agus gearrtar pionós ar na fir. Taispeánann Sinéad meas don timpeallacht trína cuid gníomhartha sa dráma.

(b) **Scríobh nóta faoin radharc is fearr leat sa dráma. Tabhair dhá fháth le do fhreagra.**

Radharc: Is maith liom an chéad radharc sa dráma. Feictear grúpa cairde ag dul amach faoin aer chun péinteáil a dhéanamh.

Fáth 1: Is maith liom an t-idirghníomhú idir Sinéad agus Seosamh. Is cosúil go bhfuil Seosamh ag iarraidh labhairt le Sinéad ina haonar. B'fhéidir go bhfuil suim rómánsúil aige inti.

Fáth 2: Chomh maith leis sin, is maith liom an paisean a fheicimid i Sinéad nuair a thuigeann sí a bhfuil á dhéanamh ag na fir atá ag dumpáil an bhruscair. Feicimid go bhfuil sí paiseanta faoin timpeallacht agus go bhfuil sí chun troid i gcoinne na bhfear.

(c) **An athrófá deireadh an dráma seo? Cén fáth?**

Ní athróinn deireadh an dráma. Is aoibhinn liom an radharc deireanach sa dráma, nuair atá gach duine sa seomra cúirte. Is maith liom an radharc seo mar cheap na fir go mbeadh an bua acu go dtí gur rith Seosamh isteach agus an fhianaise aige. Críoch sceitimíneach í seo agus bhain mé taitneamh as an radharc seo mar léitheoir.

Chomh maith leis sin, is breá liom an radharc seo mar feicimid crógacht Shinéad agus an meas atá aici ar an timpeallacht. Tá sé tábhachtach go ndéanann daoine iarracht aire a thabhairt don timpeallacht. Bhí mé thar a bheith sásta leis an radharc deireanach nuair a bhí an bua ag na daoine cearta.

nó

D'athróinn deireadh an dráma. Is maith liom deireadh an dráma ach ba mhaith liom níos mó a fheiceáil faoin gcaidreamh idir Sinéad agus Seosamh. Feicimid ag tús an dráma go bhfuil seans ann go mbeadh caidreamh rómánsúil eatarthu. Chuirfinn radharc beag ag an deireadh nuair a thagann Sinéad agus Seosamh le chéile chun labhairt faoina gcaidreamh. Ghabhfadh Sinéad buíochas le Seosamh as an bhfianaise a chur ar fáil agus phógfaidís. Deireadh iontach!

Sample question 13 (novel/play)

Ainmnigh *úrscéal* nó *dráma* ó **Liosta Téacsanna Dualgais T2** a ndearna tú staidéar air le linn do chúrsa.

Ní mór teideal an úrscéil/an dráma sin agus ainm an údair a scríobh síos go cruinn.

Teideal an úrscéil/an dráma:

Ainm an údair:

Ransú smaointe

(a) Cad é príomhthéama an úrscéil/an dráma?

A small space means a short answer. You only need a sentence or two here.

(b) Déan cur síos gairid ar eachtra mhór **amháin** san úrscéal/sa dráma.

Have an event prepared in each story/novel/play. This can be something big that happens in the piece – the climax.

(c) Déan cur síos gairid ar an gcarachtar is fearr leat féin san úrscéal/sa dráma.

> It is important to be able to describe characters using traits. Each time you mention a trait, follow up with an example from the story/novel/play.

(d) Cé acu sásta *nó* míshásta atá tú le críoch an úrscéil/an dráma? Tabhair fáth **amháin** le do fhreagra.

> This is an opinion question – a great opportunity to show off your Irish. Give a good reason as to why you liked/didn't like the ending.

SEC Exam Paper 2023

Sample answer 13

Teideal an úrscéil/an dráma: *Na Deoraithe*

Ainm an údair: Celia de Fréine

(a) Cad é príomhthéama an úrscéil/an dráma?

Is é saol na hinimirce príomhthéama an dráma seo. D'éalaigh clann Miranova ón saol san Úcráin.

(b) Déan cur síos gairid ar eachtra mhór amháin san úrscéal/sa dráma.

Tarlaíonn eachtra mhór ag deireadh an dráma, nuair a chloiseann an teaghlach go raibh troid ag an stáisiún traenach agus go raibh duine amháin marbh. Tá fear ón Úcráin gortaithe go dona agus ceapann Elena gur Nikolai atá ann mar nár fhreagair sé a fhón póca. Ceapann an léitheoir gur Nikolai atá ann freisin agus is críoch thobann í seo. Nílimid ag súil leis.

(c) Déan cur síos gairid ar an gcarachtar is fearr leat féin san úrscéal/sa dráma.

Is maith liom Katya mar is féidir liom ionannú léi. Is gnáthdhéagóir í, cosúil liomsa. Tá suim aici sa damhsa agus is maith léi a bheith ag bácáil. Is déagóir deas í a dhéanann a dícheall cabhrú lena mam nuair atá sí ag iarraidh dul chuig an dioscó. Is maith liom é sin. Ní fheicim aon donas inti.

(d) Cé acu sásta *nó* míshásta atá tú le críoch an úrscéil/an dráma? Tabhair fáth amháin le do fhreagra.

Táim sásta le críoch an dráma mar tá sé réadúil. Ní bhíonn daoine i gcónaí deas leis na hinimircigh agus b'fhéidir go dtaispeánann deireadh an dráma é seo. Tá sé tábhachtach go dtuigimid na deacrachtaí a bhíonn ag inimircigh na laethanta seo.

nó

Nílim sásta le críoch an dráma mar tá críoch dhiúltach i gceist. Mothaím brónach ag léamh chríoch an dráma agus ní maith liom é sin. Braithim trua don chlann mar níl caidreamh maith idir Elena agus Mamó agus anois tá Nikolai gortaithe. Is críoch bhrónach thragóideach í agus níor bhain mé taitneamh aisti.

6 Writing

- To be able to plan and write a short composition based on a topic you have covered over second and third year
- To be mindful and accurate when it comes to grammar, sentence structure and phrasing
- To read and follow instruction very carefully so you can confidently approach the writing section of the exam

Guidelines

The writing section is worth approximately 17–20 per cent of your grade. There will be one or two writing questions.

SEC Sample Paper 2020		
First question	40 marks	18 minutes
Second question	20 marks	8 minutes
SEC Exam Paper 2022		
First question	50 marks	25 minutes

There are several possible question types:
1. Blog
2. Essay
3. Speech/debate
4. Article
5. Letter/email
6. Postcard/text message
7. Story
8. Picture sequence.

Bear in mind that other task types might come up as well!

Pictures may be supplied along with the question. Make sure you use what you are given!

- Gather a collection of verbs in all four tenses that you can use in your written pieces.
- Revise useful phrases that will work across all types of written pieces.
- Know the vocabulary relating to each of the topics you have covered.
- Be aware of the structure of the piece you must write – for example, an email or blog.
- Try to become more accurate with your grammar and spelling.

LESS STRESS MORE SUCCESS

- Read the question very carefully. Make sure you cover every point mentioned.
- Figure out which tense you need to write in.
- Make a small plan. Gather your thoughts, vocabulary and verbs and plan an approach.
- Use short, simple, accurate sentences. Correct grammar and spelling are very important.

There will be space for rough work and/or plans at the back of your paper.

Blog

- A blog is an online diary you share with people.
- It usually contains short descriptions or accounts of people, things or events.
- It should be written in an informal style, as if you are telling a friend about the topic.
- Details are key – give as many details as possible.
- Show off your vocabulary on that particular topic.
- Aim as high as possible by adding phrases and/or proverbs you have learned.

A useful approach

1 Put the date at the top of your blog.
2 Say hello and welcome.
3 Write the blog, following every point you have been asked to mention.
4 Sign off.

A blog is usually written in the past tense, but it might be an account of something currently happening (for example, a trip you are on at present). Read the instruction carefully!

Beginning

21 Feabhra 2023
Haigh, gach duine, agus fáilte chuig Blag Shíle. Inniu, beidh mé ag caint faoi …

Ending

Slán anois, a chairde. Beidh mé ar ais an tseachtain seo chugainn. Fanaigí slán!

Useful vocabulary

Nathanna cainte	Expressions
go tobann	suddenly
tar éis tamaill	after a while
ansin	then
i bpreabadh na súl	In the blink of an eye
i ndeireadh na dála	in the end
ina dhiaidh sin	after that
in éineacht liom	with me
buíochas le Dia	thank God!
thaitin/níor thaitin sé liom	I enjoyed it/didn't enjoy it
creid é nó ná creid	believe it or not
Níor chreid mé mo shúile.	I didn't believe my eyes.
Bhí sé dochreidte.	It was unbelievable.
Ní dhéanfaidh mé dearmad ar an lá/ar an gcluiche/ar an gceolchoirm sin go deo.	I'll never forget that day/match/concert.
An rud ab/is f(h)earr faoin … ná …	The best thing about the … was/is …

Mothúcháin	Emotions
Bhí ionadh orm.	I was surprised.
Bhíomar ar bís.	We were excited.
Bhí mé ag crith le heagla.	I was shaking with fear.
Bhí mo chroí i mo bhéal.	My heart was in my mouth.
Bhain sé geit asam.	It frightened me.
Ba bheag nár thit mé i laige.	I almost fainted.
Bhí náire an domhain orm.	I was really embarrassed.
Bhí mé croíbhriste.	I was heartbroken.
Bhíomar ar mhuin na muice.	We were on the pig's back.

Aidiachtaí			
aclaí	fit	álainn	lovely
ar fheabhas	wonderful	beomhar	lively
blasta	tasty	cairdiúil	friendly
ceolmhar	musical	crua	hard
cumasach	talented	déistineach	disgusting
dochreidte	unbelievable	iontach	fabulous
láidir	strong	leadránach	boring
ollmhór	huge	rófhuar	too cold
rómánsúil	romantic	róthe	too hot
scanrúil	scary	sláintiúil	healthy
suimiúil	interesting	teannasach	tense
tuisceanach	understanding	uafásach	terrible

Aimsir	Weather
ag stealladh báistí	lashing rain
fliuch go craiceann	soaked to the skin
préachta leis an bhfuacht	persishing with the cold
marbh ag an teas	killed with the heat
chomh dearg le tráta	as red as a tomato
Bhí an ghrian ag scoilteadh na gcloch.	The sun was splitting the rocks.
Ní raibh scamall sa spéir.	There wasn't a cloud in the sky.
Lá iontach a bhí ann.	It was a great day.
Oíche stoirmiúil a bhí ann.	It was stormy night.
Bhí tintreach agus toirneach ann.	There was thunder and lightning.

Essay

- An essay is a formal account of a topic, usually including your own opinion.
- It contains an opening paragraph outlining what you are going to discuss.
- The main section consists of one or more paragraphs explaining your points.
- The final paragraph should give your opinion on the points or solutions to the problems.

A useful approach

1 Prepare a beginning and ending for an essay – these can be adapted to the topic.
2 Prepare opinion phrases.
3 Watch your tenses – you might need to use a mixture.

Beginning

Chomh luath is a chonaic mé teideal na haiste seo, chuir sé ag smaoineamh mé. Tá go leor le scríobh agam. San aiste seo pléifidh mé … Scríobhfaidh mé faoi … agus díreoidh mé ar …

> Write the beginning of your essay in the future tense. Say what you will discuss, write about and focus on.

Middle

Nathanna cainte	Expressions
I mo thuairim …	In my opinion …
Is breá/maith/fuath liom …	I love/like/hate …
Cuireann … déistin orm.	… disgusts me.
Tá trua agam do …	I have pity for …
Is cuma liom faoi …	I don't care about …
Go minic …	Often …
Luath nó mall …	Sooner or later …
Pé scéal é …	Anyway …
Le déanaí …	Recently …
Feictear …	… is seen.
Oibríonn …	… work(s) …
Cabhraíonn …	… help(s) …
Déanann …	… do(es)/make(s) …
Is léir go …	Is it clear that …
Níl aon dabht ach go …	There's no doubt that …
Is léir don dall go …	Anyone can see that …
Ar an gcéad/dara dul síos …	First of all/Second of all …
Ar lámh amháin … ar an lámh éile …	On one hand … on the other hand …
Chomh maith leis sin …	As well as that …
Ba chóir go mbeadh …	There should be …
Tá tábhacht ag baint le …	… is important.
Tá buntáistí agus míbhuntáistí ag baint le …	There are advantages and disadvantages to …
Is ábhar práinneach é …	… is an urgent matter.
Is ábhar conspóideach é …	… is a controversial matter.
Imríonn … páirt mhór i saol an duine.	… plays a big part in a person's life.
Is deis iontach é …	… is a great chance.
D'fhéadfá rudaí nua a fhoghlaim.	You can learn new things.

> In the main section of your essay, use opinion and descriptive phrases in the present tense.

Ending

Mar fhocail scoir, luaigh mé ... Rinne mé cur síos ar ... agus faoi dheireadh, phléigh mé ...

For the end, use the past tense to summarise what you have written. It's a good idea to end on a proverb.

Seanfhocail	Proverbs
Tús maith leath na hoibre.	A good start is half the work.
Is maith an scéalaí an aimsir.	Time will tell.
Níl aon tinteán mar do thinteán féin.	There's no place like home.
Mol an óige agus tiocfaidh sí.	Praise youth and it will prosper.
Ní neart go cur le chéile.	There's strength in unity.
An rud is annamh is iontach.	What's rare is wonderful.

Speech/Debate

- A speech is a written piece where you voice your opinion in order to inspire and encourage people.
- A debate is similar, except that you also try to persuade people to agree with you.
- Persuasive and inspiring language and phrases are required.
- Accuracy with grammar and spelling are essential, as always.

A useful approach

1. Greet your audience.
2. Announce what you are going to speak about.
3. Deliver your message – three main points.
4. Summarise your points.
5. Thank people for listening.
6. Sign off.

It is crucial to know the vocabulary relating to the topic.

Óráid	Speech
A phríomhoide, a mhúinteoirí agus a chomhdhaltaí …	Mr/Madam Principal, teachers and fellow students …
A thuismitheoirí, a mhúinteoirí agus a chairde …	Parents, teachers and friends …
Is mise … agus táim anseo inniu chun labhairt libh faoi …	I am … and I am here today to talk to you all about …
Gabh mo leithscéal, mar táim beagáinín neirbhíseach, ach déanfaidh mé mo dhícheall.	Please excuse me as I am a little nervous, but I will do my best.
Tá dúil mhór agam san ábhar seo.	I have a huge love for this topic.
Braithim go láidir faoi …	I feel strongly about …
Ar chuala sibh riamh faoi …?	Have you ever heard about …?
Bhuel, táim chun míniú a thabhairt daoibh anois.	Well, I am going to explain to you now.
Is dóigh liom …	I think …
A chairde, tá súil agam gur bhain sibh taitneamh as a raibh le rá agam.	Friends, I hope you enjoyed what I have had to say.
Go raibh míle maith agaibh go léir as éisteacht liom. Slán abhaile.	Thank you for listening to me. Safe home.

Díospóireacht	Debate
A chathaoirligh, a mholtóirí, a lucht an fhreasúra agus a dhaoine uaisle/chomhscoláirí …	Chairperson, judges, opposition and distinguished guests/fellow students …
Is mise … agus is mór an onóir dom a bheith anseo inniu chun labhairt i bhfábhar/i gcoinne an rúin seo.	I am … and it's a huge honour for me to be here to speak in favour of/against this motion.
Aontaím/Ní aontaím leis an ráiteas seo.	I agree/do not agree with this statement.
Táim/Nílim cinnte go …	I am/am not certain that …
Pléifidh mé …	I will discuss …
Luafaidh mé …	I will mention …
Is seafóid é sin.	That is rubbish.
Is caint gan chiall é.	It is nonsense.
Níl aon dabht orm ach …	I have no doubt that …
Tá súil agam go …	I hope that …
Ní féidir a shéanadh go …	You cannot deny that …
Táim go huile is go hiomlán cinnte faoi …	I am fully certain about …
Ní haon ionadh go …	It is no wonder that …

| Tá súil agam go n-aontóidh sibh liom, a chairde. | I hope that you agree with me, friends. |
| Go raibh míle maith agaibh go léir as éisteacht liom. | Thank you for listening to me. |

> Use phrases and vocabulary from all sections in this book. Every piece of vocabulary can be useful across the board!

Article

- An article is an informative piece about a certain topic.
- It might be about your experience of a place.
- It could be a response to an event you were at.
- It could take the form of a film/concert/book review.
- It should be mostly written in the present or past tense.
- Lots of detail and descriptive language are required.

A useful approach

1. Read the question carefully and highlight all the points you need to cover.
2. Decide what tense you are going to write in.
3. Gather vocabulary on the specific topic.
4. Make a plan, divided into paragraphs. Four or five should be enough.

Useful phrases

D'fhéadfá a rá …	You could say …
Taitníonn … go mór liom.	I really enjoy …
Cuireann sé áthas orm.	It makes me happy.
Tá ról lárnach ag … i saol an duine.	… has a central role in a person's life.
Bheadh an saol folamh gan …	Life would be empty without …
Tugann sé sos do dhaoine ó bhuarthaí an tsaoil.	It gives people a break from the worries of life.
Tugann sé faoiseamh do dhaoine.	It gives people relief.
Is áis iontach é.	It is a wonderful facility.
Tá áiseanna den scoth ar fáil.	There are wonderful facilities available.
Is maith an rud é don tsláinte mheabhrach.	It is a good thing for mental health.
Osclaíonn sé samhlaíocht an duine.	It opens a person's imagination.
Tá an t-ádh liom go bhfuair mé an seans.	I am lucky that I got the chance.

Is deis iontach é rud fiúntach a dhéanamh.	*It is a great chance to do something worthwhile.*
Cabhraíonn sé le forbairt phearsanta agus le comhoibriú.	*It helps with professional development and cooperation.*
Is taithí den scoth é.	*It is an excellent experience.*
Molaim do gach duine triail a bhaint as …	*I recommend everybody to try …*
Is gráin liom …	*I hate …*
Cuireann sé déistin orm.	*It disgusts me.*
Cuireann sé díomá orm.	*It disappoints me.*
Cuireann sé isteach orm nuair a …	*It annoys me when …*
Is léir go bhfuil fadhbanna ann maidir le …	*It is clear that there are problems with …*
Uaireanta fulaingíonn daoine de bharr …	*Sometimes people suffer because of …*
Briseann sé mo chroí nuair a fheicim …	*It breaks my heart when I see …*
Is féidir leis a bheith dúshlánach.	*It can be challenging.*
Is drochrud don intinn é.	*It is a bad thing for the mind.*
Caithfear a bheith cúramach.	*You must be careful.*
Mholfainn gan é sin a dhéanamh.	*I would advise not to do that.*
Ar an drochuair/Faraor …	*Unfortunately …*
Tá rudaí diúltacha agus dearfacha ag baint le …	*There are negatives and positives associated with …*
Ní féidir a shéanadh ach go bhfuil taobh diúltach ag baint leis chomh maith.	*You cannot deny that there is a negative side to it also.*
Cuirtear béim ar …	*Emphasis is placed on …*
Feictear ar fud an domhain é.	*It is seen all over the world.*
Ní chreidfeá an méid tuairimí faoi …	*You would not believe the number of opinions about …*
Níl aon dabht ach go bhfuil sé riachtanach.	*There's no doubt that it is necessary.*
Tá go leor taighde déanta ar …	*There is plenty of research done on …*
Cruthaítear dearcadh diúltach.	*A negative view is created.*
Ó mhaidin go hoíche …	*From morning to night …*
Nach bhfuil sé sin dochreidte?	*Isn't it unbelievable?*
Caithfimid ár ndícheall a dhéanamh chun …	*We must do our best to …*
Ba cheart dúinn …	*We should …*
Tá sé níos tábhachtaí …	*It is more important …*
Tá sé níos costasaí …	*It is more expensive …*

Letter/Email

- A letter/email might involve sharing news.
- You might be asked to invite a person somewhere.
- You may have to complain about something.
- You may have to ask for something.
- It could involve applying for a job or entering a competition.

A useful approach

1. Start with your address.
2. Add the date.
3. Write a greeting.
4. Write your main message.
5. Include an ending.
6. Sign off.

Remember to read the question carefully and cover all points.

Beginning

Letter

3 Bóthar Buí
Cobh
Contae Chorcaí
3 Márta 2024

Learn one address and use it for any letter you need to write. Always include the date under the address.

A Úna/Liam, a chara,

Úna and Liam are good names to use because you won't ever need to make any grammatical changes to the spelling. Therefore you are guaranteed accuracy.

WRITING

Email

Ó: dalta@gaeilgemail.com
Chuig: una@gaeilgemail.com
Ábhar: Mo laethanta saoire
Seolta: Dé Luain, 4 Márta 2024 15:00

Ó = From
Chuig = To
Ábhar = Subject
Seolta = Sent (day, date, time)

A Úna, a chara …

key point

The beginning is the only difference between a letter and an email. Both will have the same layout after that:
- greeting
- body
- ending.

Greeting

Informal letter/email

A Úna/Liam, a chara,

Conas atá cúrsaí leat? Tá súil agam go bhfuil tú i mbarr na sláinte agus go bhfuil gach duine sa bhaile ar fónamh. Tá brón orm nár scríobh mé ní ba luaithe ach bhí mé an-ghnóthach ar scoil agus ag traenáil. Bhuel, creid é nó ná creid, tá nuacht agam duit.

Letter/email of complaint

3 Bóthar Buí
Cobh
Contae Chorcaí
4 Márta 2024

An tEagarthóir
Nuacht na Life
Baile Átha Cliath 6

> A letter of complaint is formal, so you will need to have the receiver's address on the left after your own on the right.

A chara,

Táim ag scríobh chugat chun gearán a dhéanamh faoi … Ní aontaíom leis an … ar chor ar bith agus tá cúpla rud le plé agam faoi.

> In a formal letter, you don't usually use the name of the receiver. Use *A chara* instead.

Job application

3 Bóthar Buí
Cobh
Contae Chorcaí
3 Márta 2024

An Siopa Nuachtán
17 Bóthar Dearg
Cobh
Contae Chorcaí

A chara,

Chonaic mé d'fhógra sa nuachtán/ar líne. Is mise … agus táim … bliana d'aois. Ba mhaith liom iarratas a dhéanamh ar an bpost seo. Is duine … agus … mé agus táim cinnte go n-oirfeadh an post seo dom.

> A job application should also be in a formal style. You will be given a description of the job you are applying for so you will have to think of a suitable address for the receiver.

Body

Use any of the phrases/proverbs and vocabulary you have already learned and used in this book.

The body of your letter/email should consist of details. Make sure you cover all of the points in the question.

Tá … uaim.	I want …
Is bréa liom a bheith …	I like to be …
Caithfidh mé a rá …	I must say …
Is mian liom a rá go …	I must say that …
De ghnáth bím sásta.	Usually I am satisfied.
Bhí/tá mé míshásta le …	I was/I am unhappy with …
Táim/Nílim craiceáilte faoi.	I am/I am not mad about it.
Táim lándáiríre faoi seo.	I'm fully serious about this.
Ní rachaidh mé ann riamh go deo.	I will never go there.
Bhí orm/Tá orm/Beidh orm …	I had to/I have to/I will have to …
D'fhreastail mé/freastalaím ar …	I attended/attend …
Táim i mo bhall de …	I am a member of …
Chaith mé tamall …	I spent time …
D'fhoglaim mé …	I learned …
Silím go bhfuil na tréithe cearta agam.	I think I have the correct traits.
Go raibh maith agat as an gcuireadh.	Thank you for your invitation.
Ar mhaith leat teacht chuig …?	Would you like to come to …?
Fan go gcloisfidh tú.	Wait until you hear.
Is beag nár dhearmad mé a rá go …	I nearly forgot to say that …
Táim chun aird a tharraingt ar …	I am going to bring attention to …
An bhfuil a fhios agat …?	Do you know …?

Le tamall beag anuas …	For a while now …
Gach lá/seachtain/mí/bliain …	Every day/week/month/year …
Thairis sin …	Besides that …
Aontaím gur dea-smaoineamh é sin.	I agree that it is a good idea.
Ceapaim gur drochsmaoineamh é sin.	I think it is a bad idea.
Taithí aisteach ab ea é.	It was a strange experience.
Níl ann ach leithscéal.	It is only an excuse.
In ainm Dé …	In the name of God …
Is rud áiféiseach é.	It is ridiculous.
i mo sheilbh agam	in my possession
dubh le daoine/plódaithe	packed
ag pleidhcíocht	messing about
gan stad gan staonadh	non-stop
i ndeireadh na feide	at the end of my tether

Ending

Informal letter/email

Bhuel, a chara, caithfidh mé imeacht anois – tá go leor le déanamh agam. Níl a thuilleadh nuachta agam anois. Bí i dteagmháil liom go luath agus abair leis an teaghlach go raibh mé ag cur a dtuairisce.
Do chara buan,
Zhang

Letter/email of complaint

Bheinn buíoch díot dá ndéanfá é seo a réiteach. Táim ag súil le freagra uait ar do chaoithiúlacht.
Is mise, le meas,
Lucia Casey

Job application

Go raibh maith agat as an seans cur isteach ar an bpost seo. Táim ag súil le freagra uait ar do chaoithiúlacht.
Is mise, le meas,
Séarlas Ó Néill

Postcard/Text Message

- A postcard/text message is a shorter, more direct version of a letter or email.
- It generally involves looking for information or sharing information.
- You will need similar vocabulary and phrases to the letter/email.
- There are small structural differences between a postcard and a text message.

A useful approach

Postcard
1. Address and date
2. Greeting
3. Message
4. Sign-off

Text message
1. Short greeting
2. Message
3. Sign-off

```
                         3 Bóthar Buí,
                         Cobh
                         Contae Chorcaí
                         12 Feabhra 2024

Conas atá cúrsaí leat? …
[Message]


Slán go fóill!
Dearbhla
```

```
Haigh, a chara!
[Message]
Slán tamall!
```

Story

- A story is a piece of creative writing.
- It could be a description of an event that happened to you.
- It may have a twist: *Go tobann …*
- It will give you a chance to show off all your adjectives, verbs and vocabulary.

exam focus
Descriptive language is key in a story. Past-tense verbs are important too.

A useful approach

1 Beginning – you may be given the first line of the story or context around how it should begin.
2 Middle – a description of the main event, perhaps with a *Go tobann …* near the end.
3 Ending – a good thing to finish with is a lesson learned and a proverb.

Stories are usually in the past tense.

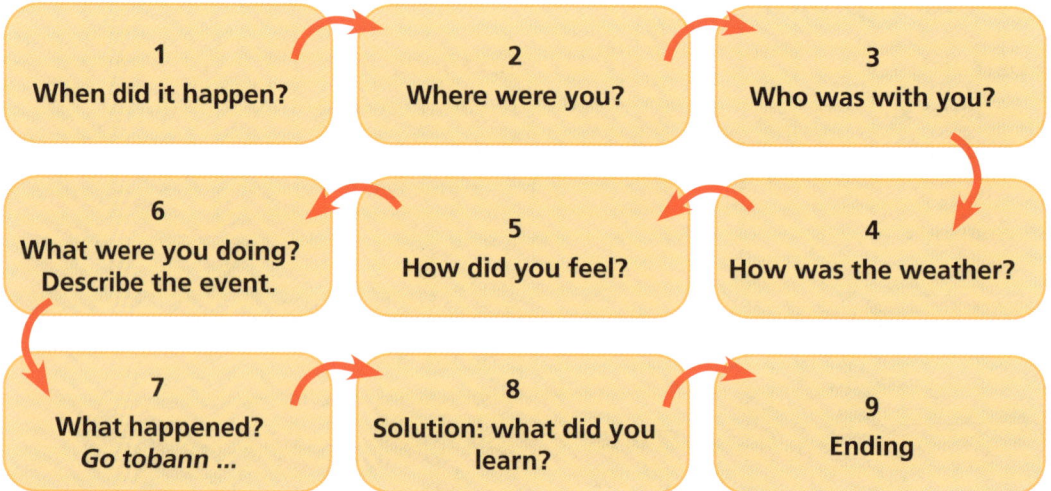

1 When did it happen?

Cúpla bliain/mí/seachtain ó shin a tharla sé.	It happened a couple of years/months/weeks ago.
I rith an tsamhraidh a tharla sé.	It happened during the summer.
Is maith is cuimhin liom an lá úd sin.	I remember that fateful day well.
Lá breá brothallach a bhí ann.	It was a gorgeous day.
Oíche dhorcha i lár an gheimhridh ab ea é.	It was a dark night in the middle of winter.

2 Where were you?

ar scoil	at school
ag siopadóireacht san ardchathair	shopping in the city
ag siúl sna sléibhte/sa choill	walking in the mountains/wood
ag obair i siopa áitiúil/in óstán áitiúil	working in a local shop/hotel
ar laethanta saoire/ag campáil	on holidays/camping
cois farraige/ag an trá	at the seaside/beach
ag ceolchoirm	at a concert
sa bhaile	at home

3 Who was with you?

Bhí mo chara … in éineacht liom.	My friend … was with me.
Bhí mé ann le mo chlann.	I was there with my family.
Bhí mo rang in éineacht liom.	My class was with me.

4 How was the weather?

Lá geal grianmhar a bhí ann.	It was a bright sunny day.
Bhí sé an-teolaí.	It was very warm.
Bhí brat bán sneachta ar an talamh.	There was a white blanket of snow on the ground.
Bhí sioc ar an talamh.	There was frost on the ground.
Bhí báisteach throm ag titim.	There was heavy rain falling.
Bhí sé thar a bheith ceomhar.	It was really foggy.
Bhí gaoth láidir ag séideadh.	There was a strong wind blowing.
Tráthnóna stoirmiúil a bhí ann.	It was a stormy evening.

There's some more vocabulary relating to feelings and weather on pp. 103–4.

5 How did you feel?

Bhí áthas an domhain orm.	I was really happy.
Bhí mé ar mhuin na muice.	I was thrilled.
Bhí gach duine i ndea-ghiúmar.	Everyone was in good humour.
Bhí mé tuirseach traochta.	I was exhausted.
Bhí díomá orm.	I was disappointed.
Bhí mé an-neirbhíseach an lá sin.	I was very nervous that day.
Bhí mé ag cur allais.	I was sweating.
Bhí mé sceimhlithe i mo bheatha.	I was terrified.
Baineadh geit uafásach asam.	I got an awful fright.
Bhí mé lag leis an ocras.	I was weak with hunger.
Bhí mé ag cur fola.	I was bleeding.
Bhí mé gan aithne gan urlabhra.	I was unconscious.

6 What were you doing? Describe the event.
7 What happened? *Go tobann …*
8 Ending

Briathra	Verbs
ag bácáil	baking
ag dreapadóireacht	climbing
ag fulaingt	suffering
ag luí síos	lying down
ag obair	working
ag pleidhcíocht	messing
ag rith	running
ag siúl	walking
ag snámh	swimming
ag streachailt	struggling
ag bualadh le	meeting
ag cabhrú le	helping
ag éisteacht le	listening to
ag fanacht le	staying with
ag féachaint ar	watching
ag gáire faoi	laughing about
ag imirt le	playing with
ag labhairt le	speaking with
ag magadh faoi	mocking
ag súil le	looking forward to
ag tnúth le	looking forward to

Use feelings throughout the whole story.

Frásaí	Phrases
ar mo chúl	behind me
in aice liom	beside me
os mo chomhair	in front of me
taobh thiar díom	behind me
i bhfolach	hiding
i dtús báire	firstly
ar dtús	at first
go díreach ina dhiaidh sin	directly after that
tamall beag ina dhiaidh sin	a while after that
i ndiaidh tamall gairid	after a short while
i ndiaidh tamall fada	after a long while

faoi dheireadh	at last
i ndeireadh na dála	in the end
ar feadh cúpla nóiméad	for a few minutes
ar feadh uair an chloig	for an hour
ar feadh tamall beag	for a small while
ar feadh tamall fada	for a long while
gan rabhadh	without warning
gan a thuilleadh moille	without further delay
gan mhoill	without delay
áfach	however
ar ámharaí an tsaoil	luckily
ar an dea-uair	luckily
ar an drochuair	unfortunately
dá bharr sin	because of that
mar gheall ar sin	because of that
go tobann	suddenly
chun na fírinne a rá	to tell the truth
chomh bán le sneachta	as white as snow
chomh ciúin le luch	as quiet as a mouse
chomh crua le cloch	as hard as a stone
chomh dearg le fuil	as red as blood
chomh dubh le gual	as black as coal
chomh ramhar le muc	as fat as a pig
chomh fuar le sioc	as cold as frost
chomh glic le sionnach	as sly as a fox
chomh sean leis na cnoic	as old as the hills
Bhí an áit chomh ciúin leis an uaigh.	The place was as quiet as the grave.
Scread mé in ard mo chinn is mo ghutha.	I screamed at the top of my voice.
Rith mé ar nós na gaoithe.	I ran as fast as the wind.
Ní raibh cíos, cás ná cathú orm.	I hadn't a care in the world.
Ní raibh duine ná deoraí le feiceáil.	There was no one to be seen.
Ní raibh gíog ná míog le cloisteáil.	There wasn't a sound to be heard.
Chuala mé pléascadh mór.	I heard a big bang.
Sin é mo scéal, creid é nó ná creid.	That's my story, believe it or not.
D'oscail mé mo shúile.	I opened my eyes.
Brionglóid ab ea é.	It was a dream.

Picture Sequence

- With a picture sequence, you are given some images and asked to tell a story.
- Read the question carefully – it could be past or present tense.
- Verbs are very important here.
- Grammar and spelling are important too, as always.

A useful approach

1 Figure out which tense you need to write in.
2 Gather your verbs and vocabulary.
3 Describe what you see in the pictures.
4 Make sure to write at least five sentences per picture.
5 Include phrases and vocabulary you already know.

Useful vocabulary

Use the verb forms in the table below with the pronouns *sé*, *sí* and *siad*.

Verbs	Briathra		
	An aimsir chaite	An aimsir láithreach	An aimsir fháistineach
be	bhí	tá/bíonn	beidh
spend/wear	chaith	caitheann	caithfidh
buy	cheannaigh	ceannaíonn	ceannóidh
think	cheap	ceapann	ceapfaidh
put	chuir	cuireann	cuirfidh
make/do	rinne	déanann	déanfaidh
say	dúirt	deir	déarfaidh
wake	dhúisigh	dúisíonn	dúiseoidh
close	dhún	dúnann	dúnfaidh
get up/become	d'éirigh	éiríonn	éireoidh
leave	d'fhág	fágann	fágfaidh
get	fuair	faigheann	gheobhaidh
watch	d'fhéach	féachann	féachfaidh
see	chonaic	feiceann	feicfidh
ask	d'fhiafraigh	fiafraíonn	fiafróidh
learn	d'fhoghlaim	foghlaimíonn	foghlaimeoidh
answer	d'fhreagair	freagraíonn	freagróidh
attend	d'fhreastail	freastalaíonn	freastalóidh
clean	ghlan	glanann	glanfaidh

ask	d'iarr	iarrann	iarrfaidh
play	d'imir	imríonn	imreoidh
tell	d'inis	insíonn	inseoidh
eat	d'ith	itheann	íosfaidh
speak	labhair	labhraíonn	labhróidh
read	léigh	léann	léifidh
jump	léim	léimeann	léimfidh
work	d'oibrigh	oibríonn	oibreoidh
drink	d'ól	ólann	ólfaidh
open	d'oscail	osclaíonn	osclóidh
discuss	phléigh	pléann	pléifidh
leap	phreab	preabann	preabfaidh
run	rith	ritheann	rithfidh
stand	sheas	seasann	seasfaidh
walk	shiúil	siúlann	siúlfaidh
reach/arrive	shroich	sroicheann	sroichfidh
sit	shuigh	suíonn	suífidh
come	tháinig	tagann	tiocfaidh
go	chuaigh	téann	rachaidh
take	thóg	tógann	tógfaidh
start/begin	thosaigh	tosaíonn	tosóidh
give	thug	tugann	tabharfaidh
use	d'úsáid	úsáideann	úsáidfidh

Sample Questions and Answers

Sample question 1 (article)

Tá rudaí tábhachtacha le feiceáil sa dá íomhá thuas. Roghnaigh íomhá amháin díobh agus scríobh gné-alt d'irisleabhar bunaithe ar na rudaí atá san íomhá sin. Pléigh na pointí seo a leanas:

- an tábhacht a bhaineann leis na rudaí sin
- **dhá** phointe dhearfacha faoi na rudaí sin
- **dhá** phointe dhiúltacha faoi na rudaí sin
- moladh **amháin** atá agat féin do dhaoine.

> Highlight or underline all the points you are being asked to discuss. You have a choice here, so pick the topic you are best able to write about. There is a page and a half of space – keep that in mind.
>
> Make a plan: gather vocabulary and ideas in the rough-work space at the back of the paper.
>
> Try to keep spelling and grammar as accurate as possible, as there are marks up for grabs for accuracy.

Sample answer 1

Tá rudaí tábhachtacha le feiceáil sa dá íomhá thuas. Roghnaigh íomhá amháin díobh agus scríobh gné-alt d'irisleabhar bunaithe ar na rudaí atá san íomhá sin. Pléigh na pointí seo a leanas:

- an tábhacht a bhaineann leis na rudaí sin
- dhá phointe dhearfacha faoi na rudaí sin
- dhá phointe dhiúltacha faoi na rudaí sin
- moladh amháin atá agat féin do dhaoine faoi na rudaí sin.

An teicneolaíocht

Níl aon dabht ach go nglacann an teicneolaíocht ról tábhachtach i saol an duine sa lá atá inniu ann. Braitheann daoine áirithe go huile is go hiomlán ar an teicneolaíocht chun obair a dhéanamh agus teagmháil a dhéanamh lena gcairde áitiúla agus a gcairde nó a gclann atá thar lear.

Tá tábhacht ag baint leis an teicneolaíocht do na blagálaithe agus na daoine go léir a oibríonn ar líne anois freisin. Déanann na blagálaithe a lán airgid óna gcuntais Instagram nó Snapchat na laethanta seo. Tá neart airgid le déanamh ann má tá na mílte leantóir acu. An gcreidfeá é sin? Ní raibh an post seo ann deich mbliana ó shin agus anois tá tábhacht ollmhór leis an teicneolaíocht i saol gach duine.

Tá fón cliste ag chuile dhuine anois. Caithfidh mé a admháil nach rachainn áit ar bith gan m'fhón póca agus táim cinnte go bhfuil go leor déagóirí eile cosúil liomsa!

Tá pointí dearfacha ann maidir leis an teicneolaíocht. Ar an gcéad dul síos, is féidir le déagóirí teagmháil a dhéanamh lena gcairde agus a gclann nach bhfuil ina gcónaí in aice láimhe. Tá sé thar a bheith éasca labhairt le daoine pé áit a mbíonn siad ar domhan. Is deas an rud é sin.

Rud dearfach eile ná go scaiptear nuacht go han-tapa anois de bharr na teicneolaíochta. Is féidir eolas a fháil faoi gach rud a tharlaíonn ar domhan chomh luath agus a tharlaíonn sé. Nach bhfuil sé sin dochreidte? Is féidir linn a bheith cothrom le dáta le gach rud.

Baineann rudaí diúltacha leis an teicneolaíocht freisin, faraor. Ní féidir liom an t-alt seo a scríobh gan an bhulaíocht a lua. Is fadhb mhór í an chibearbhulaíocht, i measc an aosa óig ach go háirithe. Bíonn déagóirí fíorchróga taobh thiar den scáileán ag scríobh rudaí gránna faoi dhaoine eile. Is mór an trua é sin a fheiceáil, ach tarlaíonn sé go minic.

Rud diúltach eile ná go n-éiríonn daoine míshóisialta. Dá siúlfá timpeall an bhaile d'fheicfeá gach duine ag féachaint ar a f(h)ón. D'fheicfeá daoine ina suí sna caiféanna lena gceann sáite sna fóin. Ní labhraíonn daoine lena chéile a thuilleadh.

Ba chóir dúinn go léir níos mó iarrachta a dhéanamh ár gcuid fón a chur i bhfolach ó am go chéile agus taitneamh a bhaint as an bhfíorshaol. Ná bí sáite i d'fhón póca!

nó

Bia folláin

Níl aon dabht faoi ach go bhfuil bia folláin tábachtach na laethanta seo. Feictear fógraí faoi bhia folláin ar an idirlíon agus ar an teilifís. Tá go leor eolais ann faoi bhia folláin ar na meáin shóisialta go léir. Tá níos mó cineálacha bia ann anois ná riamh agus caithfimid a bheith cúramach faoin méid bia a ithimid.

An chéad phointe dearfach maidir le bia folláin ná go dtugann sé mianraí, vitimíní agus fuinneamh dúinn. Tá bia folláin tábhachtach don chorp, go háirithe má dhéanann daoine a lán spóirt. Tá fuinneamh ag teastáil uainn chun ghnáthrudaí a dhéanamh sa saol agus braitheann daoine níos fearr nuair a bhíonn bia folláin á ithe acu.

Caithfidh mé a rá go bhfuil bia folláin riachtanach don mheon, don chloigeann agus don fhócas. Má itheann tú i gceart, bíonn tú ábalta do phost a dhéanamh i gceart. Is féidir le daltaí díriú níos fearr ar obair scoile má itheann siad bia folláin. Tá béilí folláine thar a bheith tábhachtach do dhaltaí scoile mar sin.

Ní haon ionadh go bhfuil daltaí scoile ag ithe bia lán le siúcra, áfach, mar den chuid is mó tá sé níos saoire ná bia folláin. Bíonn siopadóireacht an-chostasach na laethanta seo agus tá sé níos saoire do thuistí bia próiseáilte a cheannach ná bia folláin. Chomh maith leis sin, ní mhaireann roinnt bia folláin ach ar feadh cúpla lá agus ansin bíonn sé lofa. Níl sé sin oiriúnach do theaghlaigh ghnóthacha atá ag obair gach lá.

Rud diúltach eile, chun na fírinne a rá, ná go mbíonn bia gasta agus bia mífholláin níos blasta ná bia folláin. Ní bhíonn suim ag daltaí scoile torthaí agus glasraí a ithe mar ní bhlaiseann siad go deas. B'fhearr leo bia gasta ar nós sceallóg, píotsa nó seacláide. Tuigim é sin.

I ndeireadh na dála, mholfainn do gach duine iarracht a dhéanamh roinnt bia folláin a ithe. Braithfidh tú níos fearr, i do chorp agus i d'intinn. Ith glasraí le do dhinnéar; ith torthaí le do lón. Is féidir leat rud mífholláine a ithe ó am go chéile. Geallaim duit go mbeifeá i ndea-ghiúmar dá n-íosfá i gceart. Beidh tú níos láidre agus níos sláintiúla agus beidh tú dírithe ar d'obair scoile.

Sample question 2 (article)

(Daltaí ar stailc faoin athrú aeráide)

(Lá ag siopadóireacht le mo chairde)

Bhí tú i láthair ag ceann **amháin** de na hócáidí seo thuas. Scríobh alt do pháipéar nuachta faoin lá a bhí agat. San alt luaigh:

- pointe **amháin** faoin áit ina raibh tú
- eachtra dhearfach **amháin** a tharla
- eachtra dhiúltach **amháin** a tharla
- pointe **amháin** faoi na daoine
- rud **amháin** a rinne tú féin
- do thuairim féin faoin lá.

Bhí tú i láthair = You were present
dearfach = positive
diúltach = negative
eachtra = event

You must write this in the past tense.
Pick whichever topic you can write most about. Make a quick plan in the box before you start.

Ransú smaointe

SEC Exam Paper 2022

Sample answer 2

Bhí tú i láthair ag ceann amháin de na hócáidí seo thuas. Scríobh alt do pháipéar nuachta faoin lá a bhí agat. San alt luaigh:

- **pointe amháin faoin áit ina raibh tú**
- **eachtra dhearfach amháin a tharla**
- **eachtra dhiúltach amháin a tharla**
- **pointe amháin faoi na daoine**
- **rud amháin a rinne tú féin**
- **do thuairim féin faoin lá.**

Daltaí ar stailc faoin athrú aeráide

An tseachtain seo caite bhí mé ar stailc le daltaí eile faoin athrú aeráide. Chuaigh mé féin agus mo chara Máire suas go dtí Baile Átha Cliath chun bualadh le daltaí eile as gach cearn den tír. Bhí na mílte duine ann – déagóirí den chuid is mó, ach bhí go leor daoine fásta ann chomh maith. Sheasamar taobh amuigh de Dháil Éireann lenár bhfógraí. Bhí daoine ar na cosáin agus ar an mbóthar freisin. Lá fuar ab ea é ach bhí cótaí móra ar gach duine.

Timpeall meán lae tháinig cúpla polaiteoir amach chun labhairt leis na daoine a bhí i gceannas. Ghlac siad nótaí agus dúirt siad gur thuig siad an frustrachas i measc daoine óga faoin athrú aeráide. Thug duine amháin acu óráid ghearr agus dúirt sé go ndeanfadh an rialtas a ndícheall chun dul i ngleic leis an bhfadhb leis an athrú aeráide. Bhí sé sin go maith le cloisteáil agus thugamar bualadh bos dó.

Go tobann, thosaigh troid i measc cúpla déagóir agus tháinig na gardaí gan mhoill. Chaith na déagóirí buidéil agus fógraí leis na gardaí. Bhí sé scanrúil an t-iompar diúltach seo a fheiceáil.

Chuaigh mé suas chuig na gardaí ina dhiaidh sin agus chuir mé ceist orthu: an dtarlaíonn an rud seo go minic? Faraor, a dúirt na gardaí, go dtarlaíonn, mar bíonn daoine chomh paiseanta faoin troid i gcoinne an athrú aeráide. Ghabh mé buíochas leo as a gcuid oibre an lá sin.

Braithim go láidir faoin topaic seo mar dhuine óg. Ba mhaith liom go mbeadh domhan slán sábháilte ann dom féin agus do mo pháistí sa todhchaí. Tá sé tábhachtach aire a thabhairt dár ndomhan.

nó

Lá ag siopadóireacht le mo chairde

An tseachtain seo caite chaith mé an lá thuas i nDún Droma le cúpla cara liom. Bhí ár gcuid airgid sábháilte againn agus bhíomar chun cúpla rud nua a cheannach dúinn féin.

Bhí an t-ionad siopadóireachta dubh le daoine. Maidin Dé Sathairn a bhí ann agus mar sin bhí go leor déagóirí agus teaghlach timpeall na háite. Bhí an t-atmaisféar leictreach ann. Bhí gach duine i ndea-ghiúmar agus ní raibh cíos, cás ná cathú ar éinne.

Shocraigh mé féin agus mo chairde tosú ar an gcéad urlár agus chuamar chuig na siopaí go léir ann ar dtús. Bhí éadaí spóirt nua uaim agus bhí mé ag tnúth le féachaint sna siopaí spóirt. An siopa spóirt is fearr liom ná JD Sports. Shroicheamar JD Sports faoi dheireadh agus chuaigh mé díreach chuig na bróga reatha. Iontach! Chonaic mé na bróga reatha is deise ar domhan. Chuir mé orm iad agus bhí siad foirfe. D'fhéach mé ar an bpraghas – €150. Bhí siad an-chostasach. Ní raibh ach €200 agam don lá ar fad. Rinne mé an cinneadh iad a fháil agus chuaigh mé suas chuig an gcúntar. '€75, le do thoil.' Níor chreid mé mo shúile! Bhí siad ar leathphraghas. Bhí an t-ádh dearg liom. Bheadh go leor airgid agam le haghaidh bia agus cúpla rud eile.

Níos déanaí bhíomar ag ithe thuas staighre sa chúirt bia. D'itheamar burgair agus sceallóga. Bhí siad an-bhlásta. Go tobann, mhothaigh mé tinn. Rith mé ar nós na gaoithe chuig an leithreas agus chaith mé amach gach rud a bhí ite agam. Go bhfóire Dia orainn!

Tháinig mé chugam féin tar éis cúpla nóiméad agus chuaigh mé suas chuig an bhfreastalaí chun fios a chur air, ionas nach mbeadh éinne eile tinn. Thug sé dearbhán €50 dom don ionad siopadóireachta agus dúirt sé go raibh brón air.

Thángamar abhaile ar a hocht a chlog an lá sin. Bhí mé tuirseach traochta, spíonta amach tar éis mo lae mhóir. Chuaigh mé a chodladh ag smaoineamh ar mo bhróga reatha nua agus cheap mé nach lá dona ab ea é sa deireadh. Beidh lá eile ag an bPaorach.

Sample question 3 (other)

Tá na poist a thaispeántar thíos le líonadh ag TG4. Roghnaigh post **amháin** agus scríobh an téacs le haghaidh fógra (thart ar 150 focal) a bheidh le léamh ar TG4 chun daoine a mhealladh le cur isteach ar an bpost sin.

Bíodh na pointí seo a leanas san áireamh san fhógra:

- pointe eolais faoi TG4
- an post atá i gceist
- na scileanna pearsanta atá ag teastáil
- an dáta deireanach a ghlacfar le CV

Láithreoir nuachta Láithreoir spóirt Láithreoir aimsire

Fógra

Do not be thrown by the way this question is worded! Break it down. Pick one job out of the three. Write a piece encouraging people to apply.
This is a descriptive writing piece. Use your imagination and mention the four points that must be included.

SEC Sample Paper 2020

Sample answer 3

Tá na poist a thaispeántar thíos le líonadh ag TG4. Roghnaigh post amháin agus scríobh an téacs le haghaidh fógra (thart ar 150 focal) a bheidh le léamh ar TG4 chun daoine a mhealladh le cur isteach ar an bpost sin.

Bíodh na pointí seo a leanas san áireamh san fhógra:

- pointe eolais faoi TG4
- an post atá i gceist
- na scileanna pearsanta atá ag teastáil
- an dáta deireanach a ghlacfar le CV.

Láithreoir spóirt

Tá láithreoir spóirt ag teastáil ó TG4. Is staisiún Gaeilge é TG4 a chraolann na cluichí CLG go léir i rith na bliana. Feictear cluichí rugbaí ann freisin ó am go chéile. Tá neart clár eile le fáil ar TG4 agus tá seinnteoir ar líne ar fáil freisin (www.tg4.ie/player), má chailleann tú amach ar aon rud.

Beidh an duine a cheapfar ag déanamh tráchtaireachta ar na cluichí iománaíochta i mbliana. Chomh maith leis sin, beidh sé/sí ag plé thorthaí na gcluichí agus ag déanamh agallamh le bainisteoirí agus imreoirí.

Is post dúshlánach é seo ach, má théann an duine ceart ar thóir an phoist seo, beidh an seans acu obair fhadtéarmach a fháil le TG4. Is deis iontach é seo gan dabht.

Más duine fuinniúil, cainteach agus muiníneach thú, ba cheart duit cur isteach ar an bpost seo. Ba chóir go mbeadh Gaeilge líofa agat agus dúil agat i ngach saghas spóirt.

Glacfar le CV ó anois go dtí 23 Eanáir 2024. Go n-éirí an t-ádh libh!

nó

Láithreoir nuachta

Tá láithreoir nuachta ag teastáil ó TG4. Is staisiún Gaeilge é TG4 a chraolann nuacht an lae ceithre huaire sa lá. Bíonn cláir Ghaeilge ar siúl ó mhaidin go hoíche ar TG4, an nuacht san áireamh.

Beidh an duine a cheapfar ag déanamh taighde faoi chúrsaí reatha sa tír seo agus ar fud an domhain. Chomh maith leis sin, beidh an duine ag labhairt os comhair ceamara agus ag léamh tuairiscí faoi rudaí tábhachtacha atá ag tárlú ag an am. Beidh ar an duine agallaimh a chur ar dhaoine chomh maith.

Is post dúshlánach é seo ach má théann an duine ceart ar thóir an phoist seo, beidh an seans aige/aici obair fhadtéarmach a fháil le TG4. Is deis iontach é seo gan dabht.

Más duine fuinniúil, cainteach agus muiníneach thú, ba cheart duit cur isteach ar an bpost seo. Ba chóir go mbeadh Gaeilge líofa agat agus dúil agat i gcúrsaí reatha agus nuacht laethúil na hÉireann.

Glacfar le CV ó anois go dtí 23 Eanáir 2024. Go n-éirí an t-ádh libh!

nó

Láithreoir aimsire

Tá láithreoir aimsire ag teastáil ó TG4. Is staisiún Gaeilge é TG4 a chraolann nuacht an lae agus an aimsir ceithre huaire sa lá. Bíonn cláir Ghaeilge ar siúl ó mhaidin go hoíche ar TG4, an nuacht agus an aimsir san áireamh.

Beidh an duine a cheapfar ag déanamh taighde faoi aimsir an hÉireann agus uaireanta an domhain. Chomh maith leis sin, beidh an duine ag labhairt os comhair ceamara agus ag léamh réamhfhaisnéis na haimsire.

Is post dúshlánach é seo ach, má théann an duine ceart ar thóir an phoist seo, beidh an seans aige/aici obair fhadtéarmach a fháil le TG4. Is deis iontach é seo gan dabht.

Más duine fuinniúil, cainteach agus muiníneach thú, ba cheart duit cur isteach ar an bpost seo. Ba chóir go mbeadh Gaeilge líofa agat agus dúil agat i gcúrsaí aimsire agus tíreolaíocht na hÉireann.

Glacfar le CV ó anois go dtí 23 Eanáir 2024. Go n-éirí an t-ádh libh!

Sample question 4 (blog)

Tá tú ar do chuid laethanta saoire i dtír san Eoraip. Scríobh blag chun é a roinnt ar líne.

I do bhlag luaigh:
- an tír ina bhfuil tú
- an aimsir
- **dhá** rud a rinne tú
- rud **amháin** a mholfá do chuairteoirí.

Sample answer 4

Tá tú ar do chuid laethanta saoire i dtír san Eoraip. Scríobh blag chun é a roinnt ar líne.

I do bhlag luaigh:
- an tír ina bhfuil tú
- an aimsir
- dhá rud a rinne tú
- rud amháin a mholfá do chuairteoirí.

5 Iúil 2024

Haigh, a chairde,

Fáilte ar ais chuig blag Mháire! Inniu táim chun mo chuid laethanta saoire sa Fhrainc a phlé.

Is aoibhinn liom an Fhrainc. Tháinig mé ar an mbád ag tús na seachtaine le mo chlann. Bhí turas maith againn agus bhí an bád an-chompordach.

Tá an ghrian ag scoilteadh na gcloch anseo sa Fhrainc agus níl scamall sa spéir. Níl cóta ag teastáil uaim ar chor ar bith. Caithim gúnaí deasa gach lá.

Ag tús na seachtaine chuamar chuig Disneyland. Caithfidh mé a rá gur áit an-speisialta í Disneyland. Chonaiceamar na carachtair éagsúla agus bhaineamar taitneamh as na marcaíochtaí siamsaíochta.

Lá eile, chuamar suas Túr Eiffel. Bhí an radharc ag barr an túir dochreidte. Ghlac mé neart grianghraf. Cuirfidh mé ar Instagram níos déanaí iad.

An rud deireanach ná an bia. Mholfainn duit triail a bhaint as bia na Fraince agus tú anseo. Bhain mé triail as *escargots* – sin seilidí – agus caithfidh mé a rá go raibh siad an-bhlasta. Tá an bia go léir anseo an-deas.

Bhuel, sin é, a chairde. Caithfidh mé imeacht – beidh blag eile ag teacht an tseachtain seo chugainn.

Slán!

Sample question 5 (essay)

Scríobh aiste gearr ar 'An tábhacht a bhaineann leis an timpeallacht a chaomhnú'.

Luaigh na pointí seo:
- **dhá** fhadhb a bhaineann leis an timpeallacht
- **dhá** smaoineamh chun na fadhbanna a réiteach
- moladh do dhaoine óga an timpeallacht a chaomhnú.

Sample answer 5

Scríobh aiste gearr ar 'An tábhacht a bhaineann leis an timpeallacht a chaomhnú'. Luaigh na pointí seo:

- dhá fhadhb a bhaineann leis an timpeallacht
- dhá smaoineamh chun na fadhbanna a réiteach
- moladh do dhaoine óga an timpeallacht a chaomhnú.

Chomh luath is a chonaic mé teideal na haiste seo, chuir sé ag smaoineamh mé. Tá go leor le scríobh agam.

Labhróidh mé faoi dhá fhadhb a bhaineann leis an timpeallacht ar dtús. Ansin scríobhfaidh mé faoi réiteach na bhfadhbanna. Ag an deireadh, tabharfaidh mé moladh do dhaoine óga an timpeallacht a chaomhnú.

Is léir don dall go bhfuil neart fadhbanna maidir leis an timpeallacht ann sa lá atá inniu ann. An chéad rud ná an méid bruscair atá caite ar fud na háite, sna bailte agus faoin tuath chomh maith. Ní féidir leat siúl áit ar bith sa bhaile mór gan bruscar a fheiceáil ar an talamh. Cuireann sé sin déistin orm. Chomh maith leis sin, bíonn bruscar le feiceáil amuigh faoin tuath. Dumpáil mhídhleathach atá i gceist leis seo. Cuireann sé seo isteach ar na radhairc amuigh faoin tuath agus ar an timpeallacht freisin. Itheann ainmhithe an bruscar agus éiríonn siad tinn.

An dara fadhb leis an timpeallacht faoi láthair ná an méid gas nimhneach atá san aer. Tá an iomarca daoine ag dó drochrudaí agus ag scaoileadh drochgháis san aer. Is mór an trua é mar níl an t-aer glan agus tá an aimsir ag athrú.

Tá réitigh ann, áfach. Is féidir linn níos mó boscaí bruscair a chur timpeall na háite sna bailte móra. Is féidir linn fíneálacha arda a thabhairt isteach don dumpáil mhídhleathach. Caithfidh na gardaí a bheith ag féachaint amach do na daoine a bhíonn ag dumpáil an bhruscair seo. Chun réiteach a fháil ar an dara fadhb, tá gluaisteáin leictreacha ar fáil anois atá i bhfad níos fearr don timpeallacht, ach ba chóir go mbeadh níos mó daoine ag siúl in ionad a bheith ag tiomáint.

Mholfainn do dhaoine óga rudaí beaga a dhéanamh chun cabhrú leis an timpeallacht. Ná húsáid buidéil phlaisteacha, mar shampla. Cuir an bruscar sna boscaí cearta. Déan iarracht siúl seachas taisteal sa charr. Ní neart go cur le chéile.

Pé scéal é, luaigh mé na fadhbanna a bhaineann leis an timpeallacht na laethanta seo. Rinne mé cur síos ar réiteach na bhfadhbanna seo agus thug mé moladh don todhchaí. Tá súil agam gur thuig tú mo chuid pointí.

Sample question 6 (speech)

Scríobh óráid ghearr don rang go léir faoi chaithimh aimsire.

Luaigh na pointí seo a leanas:
- an caitheamh aimsire is fearr leat
- **dhá** rud dhearfacha faoi chaithimh aimsire
- **dhá** rud dhiúltacha faoi chaithimh aimsire
- rud **amháin** a mholfá.

Sample answer 6
Scríobh óráid ghearr don rang go léir faoi chaithimh aimsire.
Luaigh na pointí seo a leanas:

- an caitheamh aimsire is fearr leat
- dhá rud dhearfacha faoi chaithimh aimsire
- dhá rud dhiúltacha faoi chaithimh aimsire
- rud amháin a mholfá.

A mhúinteoir agus a chairde,

Is mise Mícheál agus táim anseo inniu chun labhairt faoi chaithimh aimsire. Gabh mo leithscéal, mar táim beagáinín neirbhíseach, ach déanfaidh mé mo dhícheall. Tá cúpla pointe tábhachtach agam faoi chaithimh aimsire, go háirithe i saol daoine óga.

Ar dtús, tá go leor caitheamh aimsire agam féin. Imrím peil, éistim le ceol, téim ag siúl le mo mhadra agus is maith liom a bheith ag léamh. Tá neart roghanna ann do dhéagóirí sa lá atá inniu ann ó thaobh caitheamh aimsire de.

Ba mhaith liom labhairt faoi na buntáistí a bhaineann le caithimh aimsire. Tá caithimh aimsire an-tábhachtach do dhaoine óga. Tugann siad deis do dhaltaí sos a ghlacadh ó bhrú an tsaoil. Is féidir le daltaí sos a ghlacadh ón staidéar agus ón scoil agus a gcinn a ghlanadh. Tá spás chun a scíth a ligean an-tábhachtach do dhéagóirí.

An dara rud ná go mbaineann daltaí taitneamh as am a chaitheamh le cairde. Foghlaimíonn siad scileanna sóisialta chomh maith le scileanna comhoibrithe. Cruthaíonn caithimh aimsire spás do dhéagóirí a scileanna a fhorbairt agus taitneamh a bhaint astu freisin. Déanann go leor déagóirí cairde maithe trí chaithimh aimsire chomh maith.

Is dócha go mbaineann cúpla rud diúltach le caithimh aimsire. Is féidir le caithimh aimsire áirithe a bheith costasach do dhéagóirí agus do thuismitheoirí chomh maith agus uaireanta cruthaíonn sé sin brú sa teaghlach.

Chomh maith leis sin, bíonn gortú coitianta le caithimh aimsire áirithe. Bíonn spórt dainséarach ó am go chéile agus briseann déagóirí cnámha. Ní bhíonn sé sin go deas ach is dócha go dtarlaíonn timpistí i gcónaí.

Ar deireadh, a chairde, tá moladh amháin agam daoibh. Mura bhfuil caitheamh aimsire agat, faigh ceann. Mholfainn do gach aon duine caitheamh aimsire de shaghas éigin a chleachtadh. Glac sos ón staidéar. Glac sos ón bhfón. Ní bheidh díomá ort.

A chairde, tá súil agam gur bhain sibh taitneamh as a raibh le rá agam. Go raibh míle maith agaibh go léir as éisteacht liom. Slán abhaile.

Sample question 7 (debate)
'Is cur amú ama í obair bhaile.'

Scríobh díospóireacht ar son nó i gcoinne an rúin thuas.

Sample answer 7

'Is cur amú ama í obair bhaile.'

Scríobh díospóireacht ar son nó i gcoinne an rúin thuas.

A chathaoirligh, a mholtóirí, a lucht an fhreasúra agus a chomhscoláirí, is mise Fatima agus is mór an onóir dom a bheith anseo inniu chun labhairt i bhfabhar an rúin seo. Creidim go hiomlán gur cur amú ama í obair bhaile do dhaltaí meánscoile. Táim chun mo chuid argóintí a chur in iúl daoibh agus táim cinnte go n-aontóidh sibh liom.

Ar dtús, labhróidh mé faoin méid oibre a dhéanaimid ar scoil cheana féin. Ina dhiaidh sin, luafaidh mé rudaí eile inár saol atá níos tábhachtaí ná obair bhaile. Sa deireadh, pléifidh mé an brú a bhíonn ar dhaltaí scoile.

Ní féidir a shéanadh go gcaitheann daltaí scoile go leor ama ag obair go dian ar scoil gach lá. Bímid inár suí sa seomra ranga ag léamh agus ag scríobh an lá ar fad. Níl sé ceart, cóir ná cothrom cúpla uair an chloig eile a chaitheamh ag déanamh níos mó oibre sa bhaile. Bíonn daltaí tuirseach traochta ag deireadh an lae.

Ar an dara dul síos, ní bhíonn am againn le haghaidh caitheamh aimsire leis an méid obair bhaile atá le déanamh gach tráthnóna. Tá caithimh aimsire thar a bheith tábhachtach do dhaltaí chun sos a ghlacadh ón staidéar. Tá sé níos tábhachtaí a bheith amuigh faoin aer nó ag déanamh rudaí lenár gcairde seachas a bheith istigh ag staidéar.

Ar deireadh, ní haon ionadh go bhfuil daltaí scoile ag streachailt le fadhbanna meabhairshláinte na laethanta seo. Tá brú ag teacht ó gach áit – a scoil, a dtuistí agus a gcairde freisin. Tá saol an dalta deacair go leor gan obair bhaile le déanamh gach oíche freisin.

Anois, a chairde, seo chugaibh m'árgóintí ar son an rúin seo. Is cur amú ama í obair bhaile. Caithimid an iomarca ama inár suí i seomra ranga. Tá caithimh aimsire agus cairde i bhfad níos tábhachtaí ná obair bhaile inár saol agus tá go leor brú ar dhaltaí an lae inniu gan a bheith ag caitheamh cúpla uair an chloig ag déanamh obair bhaile gach tráthnóna.

Tá súil agam go n-aontóidh sibh liom, a chairde. Go raibh míle maith agaibh go léir as éisteacht liom.

Sample question 8 (article)

Scríobh alt gearr d'iris na scoile faoin teicneolaíocht agus daoine óga.

Luaigh na pointí seo a leanas:

- **dhá** fháth a dtaitníonn an teicneolaíocht le daoine óga
- **dhá** mhíbhuntáiste a bhaineann leis an teicneolaíocht
- an teicneolaíocht ar scoil
- moladh do dhéagóirí faoin teicneolaíocht.

Sample answer 8

Scríobh alt gearr d'iris na scoile faoin teicneolaíocht agus daoine óga.

Luaigh na pointí seo a leanas:

- dhá fháth a dtaitníonn an teicneolaíocht le daoine óga
- dhá mhíbhuntáiste a bhaineann leis an teicneolaíocht
- an teicneolaíocht ar scoil
- moladh do dhéagóirí faoin teicneolaíocht.

Tá ról lárnach ag an teicneolaíocht i saol an duine na laethanta seo. Ní féidir leat dul áit ar bith gan féachaint ar dhaoine óga, agus ar dhaoine níos sine, agus fón póca ina lámh acu. Tá an teicneolaíocht i ngach áit agus úsáideann gach duine an teicneolaíocht gach uile lá. Nach bhfuil sé sin dochreidte? Ní féidir leat an domhan a shamhlú gan an teicneolaíocht.

Taitníonn an teicneolaíocht go mór le daoine óga gan dabht ar bith. Caithfear a admháil gur áis iontach í chun coimeád i dteagmháil le cairde agus le baill teaghlaigh ar fud na cruinne. Is féidir leat labhairt le héinne in áit ar bith ar domhan. Is féidir leat pictiúir a sheoladh chuig do ghaolta agus do chairde freisin. Is aoibhinn le daoine óga an áis sin.

Chomh maith leis sin, bíonn daoine óga níos cróga ar líne, taobh thiar de scáileán. Bíonn sé níos éasca dóibh labhairt le daoine agus le cairde. Más duine cúthail tú, seans gur fearr leat teachtaireacht a sheoladh ná labhairt le daoine.

Is léir go mbaineann fadhbanna leis an teicneolaíocht freisin, faraor. Leanann déagóirí daoine cáiliúla ar na haipeanna éagsúla agus uaireanta cuireann na ceiliúráin lagmhisneach ar dhaoine óga. Cruthaítear fadhbanna féiníomhá mar bíonn gach duine 'foirfe' ar líne.

Briseann sé mo chroí nuair a fheicim bulaíocht ar líne freisin. Is fadhb ollmhór í agus tá a lán déagóirí ag fulaingt. Is í an bhulaíocht ar líne an rud is measa faoin teicneolaíocht gan dabht ar bith. Scríobhann daoine rudaí gránna ar na suíomhanna sóisialta faoi dhaoine eile agus cuireann sé sin déistin orm.

Tá an teicneolaíocht an-úsáideach ar scoil chun taighde a dhéanamh agus chun cabhrú le hobair bhaile. Bhí sé an-úsáideach nuair a bhí Covid-19 anseo agus bhíomar ag foghlaim sa bhaile.

Caithfear a bheith cúramach leis an teicneolaíocht. Mholfainn do gach déagóir a gcuntas a dhéanamh príobháideach. Mholfainn do gach duine a bheith cúramach agus sábháilte ar líne. Is áis iontach í an teicneolaíocht gan dabht, ach tá go leor dainséir ag baint léi. Tabhair aire.

Sample question 9 (letter)

Bhí tú ag bialann nua i lár an bhaile le déanaí. Ní raibh taithí mhaith agat ansin. Scríobh litir chuig an mbainisteoir ag gearán faoi do chuairt ar an mbialann.

Luaigh na pointí thíos:

- an freastalaí
- an t-atmaisféar
- an bia
- an praghas
- moladh amháin don bhainisteoir.

Sample answer 9

Bhí tú ag bialann nua i lár an bhaile le déanaí. Ní raibh taithí mhaith agat ansin. Scríobh litir chuig an mbainisteoir ag gearán faoi do chuairt ar an mbialann.

Luaigh na pointí thíos:

- an freastalaí
- an t-atmaisféar
- an bia
- an praghas
- moladh amháin don bhainisteoir.

3 Bóthar Buí
Cobh
Contae Chorcaí
3 Márta 2024

Bia Blasta
Baile Átha Cliath 6

A chara,

Táim ag scríobh chugat chun gearán a dhéanamh faoi do bhialann, Bia Blasta. Bhí mé ann le mo chol ceathrair an tseachtain seo caite agus caithfidh mé a rá nach raibh am maith againn in aon chor. Tá cúpla rud le plé agam leat.

Ar an gcéad dul síos, nuair a chuamar isteach, bhí an freastalaí thar a bheith drochbhéasach. Thug sé bord salach dúinn agus, nuair a d'iarr muid air é a ghlanadh, chaith sé a shúile san aer. Níor tháinig sé ar ais chun ár n-órdú a ghlacadh le haghaidh 15 nóiméad.

Bhí an t-atmaisféar leamh agus ciúin sa bhialann. Ní raibh aon cheol ann agus bhí cuma chrosta ar na freastalaithe go léir. Bhí sé chomh dorcha nach raibh mé ábalta an biachlár a fheiceáil.

Nuair a tháinig an bia faoi dheireadh, bhí sé chomh fuar le sneachta. D'ordaigh mo chol ceathrair iasc ach fuair sí burgar. Bhí mo phíotsa fuar agus ní raibh blas deas uaidh. Bhí díomá an domhain orainn agus, nuair a d'iarr muid an bia a athrú, dúirt an freastalaí nach raibh sé ábalta aon rud a dhéanamh dúinn.

Níor chreideamar ár súile nuair a chonaiceamar an bille. Seachtó euro le haghaidh dhá bhéile fhuara agus dhá ghloine uisce? Tá sé seo áiféiseach. Níorbh fhiú é ar chor ar bith.

Mholfainn duit rudaí a chur ina gceart díreach anois mar ní bheidh custaméir ar bith fágtha agaibh leis an tseirbhís seo. Ní bheinn sásta filleadh ar do bhialann agus ní mholfainn d'éinne eile dul ann.

Bheinn buíoch díot dá dtabharfá aghaidh ar an bhfadhb seo. Táim ag súil le freagra uait ar do chaoithiúlacht.

Is mise, le meas,

Lucas Henry

Sample question 10 (email)

Scríobh ríomhphost chuig cara leat ag insint dó/di faoi do scoil nua.

Luaigh na pointí seo a leanas:
- cur síos ar do scoil nua
- an t-ábhar is fearr leat ar scoil
- an t-ábhar nach maith leat
- áiseanna sa scoil
- rialacha na scoile.

Sample answer 10

Scríobh ríomhphost chuig cara leat ag insint dó/di faoi do scoil nua.
Luaigh na pointí seo a leanas:

- cur síos ar do scoil nua
- an t-ábhar is fearr leat ar scoil
- an t-ábhar nach maith leat
- áiseanna sa scoil
- rialacha na scoile.

Ó: dalta@gaeilgemail.com
Chuig: una@gaeilgemail.com
Ábhar: Mo scoil nua
Seolta: Dé hAoine, 15 Márta 2024 15:00

A Úna, a chara,

Conas atá cúrsaí leat? Tá súil agam go bhfuil tú i mbarr na sláinte agus go bhfuil gach duine sa bhaile ar fónamh. Tá brón orm nár scríobh mé ní ba luaithe ach bhí mé an-ghnóthach ar scoil agus ag traenáil. Bhuel, creid é nó ná creid, tá nuacht agam duit.

Táim tar éis dhá mhí a chaitheamh i mo scoil nua faoin am seo. Is scoil lánchailíní í agus tá timpeall 600 dalta inti. Múineann thart ar 40 múinteoir sa scoil agus bíonn atmaisféar deas inti den chuid is mó. Tá caidreamh maith idir na múinteoirí agus na daltaí. Tá trí fhoirgneamh ar an gcampas agus tá ranganna agam i ngach foirgneamh gach lá.

Is fearr liom an Ghaeilge faoi láthair ar scoil. Tá múinteoir deas agam agus ní thugann sí mórán obair bhaile dúinn. Labhraímid Gaeilge sa rang agus gan dabht tá feabhas tagtha ar mo chuid Gaeilge labhartha anois.

Ní bhainim taitneamh as mata. Tá mata an-dúshlánach dom agus nílim go maith le huimhreacha. Déanaim mo dhícheall ach níl mo ghráid go maith. Táim i ndeireadh na feide leis.

Tá go leor áiseanna sa scoil seo. Tá leabharlann mhór gheal, trí shaotharlann, dhá sheomra ealaíne, ceaintín lán le bia sláintiúil agus halla spóirt le gach saghas trealamh spóirt anseo. Taobh amuigh tá cúpla cúirt chispheile, páirc haca agus dhá pháirc CLG. Bíonn go leor spóirt ar siúl gach tráthnóna agus is maith liom é sin. Táim ar an bhfoireann camógaíochta faoi láthair. Táim craiceáilte fúithi!

Is beag nár dhearmad mé a rá – ní fhaca mé riamh an méid rialacha atá i bhfeidhm sa scoil seo! Níl cead againn fón póca a úsáid. Níl guma coganta ceadaithe. Ní mór dúinn bróga dubha a chaitheamh agus níl fáinní sróin ceadaithe ach oiread. Coinnítear daltaí siar má bhriseann siad na rialacha. Níor bhris mé aon riail fós agus le cúnamh Dé ní bhrisfidh!

Bhuel, a chara, caithfidh mé imeacht anois – tá go leor le déanamh agam. Níl a thuilleadh nuachta agam anois. Bí i dteagmháil liom go luath agus abair leis an teaghlach go raibh mé ag cur a dtuairisce.

Do chara buan,
Seána

Sample question 11 (story)

Scríobh scéal faoi eachtra a tharla duit agus tú ar thuras scoile le do rang. Is féidir leat an abairt seo a leanas a úsáid chun tús a chur leis:

'Is maith is cuimhin liom an lá úd seo.'

WRITING

Sample answer 11

Scríobh scéal faoi eachtra a tharla duit agus tú ar thuras scoile le do rang. Is féidir leat an abairt seo a leanas a úsáid chun tús a chur leis:

'Is maith is cuimhin liom an lá úd seo.'

Is maith is cuimhin liom an lá úd seo. Lá breá brothallach a bhí ann agus bhí mé agus mo rang ar thuras scoile i mBaile Átha Cliath don lá. Bhíomar chun dul chuig an zú agus ag siopadóireacht ina dhiaidh sin.

Bhí mo rang go léir liom agus bhí mo dhlúthchara Benji ina shuí in aice liom ar an mbus. Bhí gach duine i ndea-ghiúmar agus bhíomar ar mhuin na muice mar ní rabhamar ar thuras scoile le fada an lá. Bhí sé an-teolaí agus bhíomar go léir ag caitheamh brístí gearra agus T-léinte.

I ndiaidh tamall gairid, shroicheamar an zú. Bhí an zú dubh le daoine mar bhí an ghrian ag scoilteadh na gcloch. Ní raibh cíos, cás ná cathú orainn agus muid ag siúl timpeall ag féachaint ar na hainmhithe go léir.

Go tobann, chuala mé pléascadh mór. D'fhéach gach duine timpeall ach ní raibh aon rud ar siúl. Leanamar ar aghaidh ag féachaint ar na moncaithe.

Gan rabhadh, chualamar coiscéimeanna móra agus fuaimeanna glóracha. Níor chreideamar ár gcluasa – ná ár súile! Bhí eilifint ag rith ar nós na gaoithe tríd an zú! Bhí sí tar éis briseadh amach. Scread gach duine in ard a gcinn is a ngutha. Bhí sé soiléir go raibh eagla ar na hainmhithe bochta. Léim mé féin agus Benji as an tslí agus rith an eilifint i dtreo gheataí an zú. Gan a thuilleadh moille, chualamar pléascadh eile. Chonaiceamar oibrí le gunna ina lámh aici. Thit an eilifint ar an talamh. Bhí an zú go léir ciúin. Ní raibh gíog ná míog le cloisteáil. An raibh an eilifint marbh?

Tháinig guth thar an idirchum.

'Ná bí buartha, gach duine – tá an eilifint ina codladh anois. Cuirfimid ar ais ina páirc go luath í. Tá an zú dúnta anois. Téigh ar ais chuig do bhusanna.'

Sheas mo rang go ciúin ar feadh cúpla nóiméad agus faoi dheireadh tháinig na múinteoirí. Bhí siad sa bhialann ag ól caife an t-am ar fad! Ní dhéanfaidh mé dearmad ar an turas seo go deo.

Sample question 12 (other)

(Ar laethanta saoire *nó* ag an trá)

(Ag ceolchoirm *nó* ag cóisir le mo chairde)

Bhí tú i láthair ag ceann **amháin** díobh seo thuas. Scríobh alt i do dhialann faoi sin. San alt luaigh:

- pointe **amháin** eolais faoin áit a raibh tú
- pointe **amháin** faoi dhuine eile ann
- rud **amháin** maith a tharla
- an t-atmaisféar
- rud **amháin** nár thaitin leat
- pointe **amháin** eile.

> You will need to write two or three sentences per point here. Leave a line between each point for clarity. There will be extra writing space at the back of the exam paper if you need it. Tick off your points as you go.

Ransú smaointe

SEC Exam Paper 2023

Sample answer 12

Bhí tú i láthair ag ceann amháin díobh seo thuas. Scríobh alt i do dhialann faoi sin. San alt luaigh:

- pointe amháin eolais faoin áit a raibh tú
- pointe amháin faoi dhuine eile ann
- rud amháin maith a tharla
- an t-atmaisféar
- rud amháin nár thaitin leat
- pointe amháin eile.

Ar laethanta saoire

A Dhialann,

Tá sceitimíní an domhain orm. Táim sa Spáinn ar mo chuid laethanta saoire. Inniu bhí an ghrian ag scoilteadh na gcloch agus tá an t-óstán galánta. Bhí an linn snámha ar fheabhas ar fad.

Táim anseo le Síofra, mo chara is fearr ar domhan. Tá sí 14 bliana d'aois, cosúil liomsa. Bíonn an-chraic againn le chéile. Bhain sí taitneamh as an tsaoire go dtí seo mar cheannaigh sí culaith shnámha nua.

Tharla rud iontach inné. Bhíomar ag siúl timpeall an bhaile agus chonaiceamar Billie Eilish. Chuamar suas aici agus bhí sí an-deas. Ghlacamar grianghraf le chéile.

Tá an t-atmaisféar leictreach san óstán. Bhí ceol ar siúl aréir agus bhíomar ag damhsa agus ag labhairt le daoine ó thíortha éagsúla.

An t-aon rud nár mhaith liom go dtí seo ná an bia. Níl an bia cosúil leis an mbia deas in Éirinn. Bhí iasc againn gach lá agus ní maith liom iasc.

Caithfidh mé imeacht anois, a dhialann. Táimid ag dul ar thuras báid anois. Táim ag tnúth le snámh san fharraige.

Slán!

nó

Ag ceolchoirm

A Dhialann,

Táim ar bís inniu. Chuaigh mé chuig ceolchoirm Taylor Swift in Airéine 3 an tseachtain seo caite. Bhí an airéine dubh le daoine. Bhíomar ina seasamh díreach in aice leis an stáiste. Bhí an radharc dochreidte.

Tháinig mo chara Sinéad liom. Is aoibhinn léi Taylor Swift chomh maith agus bhíomar ag tnúth go mór leis an gceolchoirm. Tá Sinéad i mo rang Gaeilge ar scoil agus suímid le chéile gach lá.

Chan Taylor a cuid amhrán go léir. Nuair a bhí sí ag canadh 'Shake It Off', d'fhéach sí go díreach orm agus ar Shinéad agus níor chreideamar ár súile. Ghlac mé grianghraf di agus í ag féachaint ar an gceamara.

Bhí an t-atmaisféar leictreach gan dabht agus bhí gach duine ag damhsa, ag canadh agus ag screadaíl chomh maith. An lá ab fhearr i mo shaol a bhí ann.

An t-aon rud nár thaitin liom ná tar éis na cheolchoirme ní raibh tacsaí ar bith ar fáil agus bhí orainn siúl ceithre mhíle ar ais chuig ár n-óstán. Bhíomar spíonta tar éis na siúlóide sin!

Cheannaíomar T-léinte tar éis na ceolchoirme ar chostas €20. Margadh a bhí ann. Bhíomar thar a bheith sásta lenár n-oíche i mBaile Átha Cliath.

Slán, a Dhialann!

7 Grammar

- To create and understand good grammar habits and practices
- To become used to recognising aspects of grammar and identifying mistakes
- To become confident with grammar in your writing
- To understand there are grammar marks available throughout the whole paper

Guidelines

The grammar section is worth about 3 per cent of your grade, but do not underestimate the importance of grammar. There are grammar marks up for grabs in absolutely EVERY SECTION! Accurate grammar adds value to your answers across the whole paper.

The grammar points we will focus on in this book are:

- tenses and moods (*na haimsirí agus na modhanna*)
- the copula (*an chopail*)
- the possessive adjective (*an aidiacht shealbhach*)
- prepositions (*réamhfhocail*)
- *séimhiú* and *urú*
- numbers (*uimhreacha*)
- the genitive case (*an tuiseal ginideach*).

Tenses and Moods (*na hAimsirí agus na Modhanna*)

There are four tenses/moods you need to be aware of:

- past (*an aimsir chaite*)
- present (*an aimsir láithreach*)
- future (*an aimsir fháistineach*)
- conditional (*an modh coinníollach*).

- A **verb** is a doing word.
- Every verb has a **root** (*fréamh*).
- The root is adapted differently for each tense.

1. The first thing you need to understand before tackling tenses/moods is our understanding of a verb and how it is constructed.

Fréamh	glan	clean
An aimsir chaite	ghlan	cleaned
An aimsir láithreach	glanann	cleans
An aimsir fháistineach	glanfaidh	will clean
An modh coinníollach	ghlanfadh	would clean

2. Second of all, you need to understand that there are **regular verbs** and **irregular verbs**. Regular verbs follow certain rules. Irregular verbs have their own rules that you must become familiar with from practice.
3. Regular verbs are divided into two main categories – one-syllable and two-syllable verbs. There are slightly different rules for each.
4. Verbs are also divided into **broad** (*leathan*) and **slender** (*caol*). Verbs that have *i* or *e* as their last vowel are slender. Verbs that have *a*, *o* or *u* as their last vowel are broad. This is important when it comes to adding endings.

The past tense (*an aimsir chaite*)

One syllable and two syllables

- If the verb starts with a consonant, add a *séimhiú*. Example: *ghlan* (root = *glan*)
- If the verb starts with a vowel, add a *d'*. Example: *d'ól* (root = *ól*)
- If the verb starts with an *f*, add both *d'* and a *séimhiú*. Example: *d'fhan* (root = *fan*)

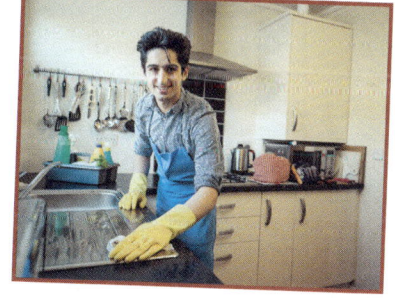

One syllable

Leathan	Caol
Glan	Bris
ghlan mé	bhris mé
ghlan tú	bhris tú
ghlan sé	bhris sé
ghlan sí	bhris sí
ghlanamar	bhriseamar
ghlan sibh	bhris sibh
ghlan siad	bhris siad
glanadh (*was cleaned*)	briseadh (*was broken*)
Níor ghlan mé.	Níor bhris mé.
Ar ghlan tú?	Ar bhris tú?

Grammar alert!
Glanadh and *briseadh* are autonomous verbs (*saorbhriathra*). We use this when we do not know who completed the action.

mé	I
tú	you (singular)
sé	he
sí	she
muid/sinn	we
sibh	you (plural)
siad	they

Two syllables

Leathan	Caol
Ceannaigh	*Bailigh*
cheannaigh mé	bhailigh mé
cheannaigh tú	bhailigh tú
cheannaigh sé	bhailigh sé
cheannaigh sí	bhailigh sí
cheannaíomar	bhailíomar
cheannaigh sibh	bhailigh sibh
cheannaigh siad	bhailigh siad
ceannaíodh (*was bought*)	bailíodh (*was gathered*)
Níor cheannaigh mé.	Níor bhailigh mé.
Ar cheannaigh tú?	Ar bhailigh tú?

Grammar alert!
For the endings, remember:
- *i* and *e* are best friends – they are called slender (*caol*) and are never too far away from each other
- *a*, *o* and *u* are best friends too – they are called broad (*leathan*) and they do not mix with *i* and *e*!

The present tense (*an aimsir láithreach*)

One syllable and two syllables
- There is no change to the start of the verb in the present tense, except for the question and negative forms.

One syllable

Leathan	Caol
Glan	*Bris*
glanaim	brisim
glanann tú	briseann tú
glanann sé	briseann sé
glanann sí	briseann sí
glanaimid	brisimid
glanann sibh	briseann sibh
glanann siad	briseann siad
glantar (*is cleaned*)	bristear (*is broken*)
Ní ghlanaim.	Ní bhrisim.
An nglanann tú?	An mbriseann tú?

Grammar alert!
- an + urú
- ní + séimhiú

Two syllables

Leathan	Caol
Ceannaigh	Bailigh
ceannaím	bailím
ceannaíonn tú	bailíonn tú
ceannaíonn sé	bailíonn sé
ceannaíonn sí	bailíonn sí
ceannaímid	bailímid
ceannaíonn sibh	bailíonn sibh
ceannaíonn siad	bailíonn siad
ceannaítear (*is bought*)	bailítear (*is collected*)
Ní cheannaím.	Ní bhailím.
An gceannaíonn tú?	An mbailíonn tú?

The future tense (*an aimsir fháistineach*)

One syllable and two syllables
- There is no change to the start of the verb.

One syllable

Leathan	Caol
Glan	Bris
glanfaidh mé	brisfidh mé
glanfaidh tú	brisfidh tú
glanfaidh sé	brisfidh sé
glanfaidh sí	brisfidh sí
glanfaimid	brisfimid
glanfaidh sibh	brisfidh sibh
glanfaidh siad	brisfidh siad
glanfar (*will be cleaned*)	brisfear (*will be broken*)
Ní ghlanfaidh mé.	Ní bhrisfidh mé.
An nglanfaidh tú?	An mbrisfidh tú?

Two syllables

Leathan	Caol
Ceannaigh	*Bailigh*
ceannóidh mé	baileoidh mé
ceannóidh tú	baileoidh tú
ceannóidh sé	baileoidh sé
ceannóidh sí	baileoidh sí
ceannóimid	baileoimid
ceannóidh sibh	baileoidh sibh
ceannóidh siad	baileoidh siad
ceannófar (*will be bought*)	baileofar (*will be collected*)
Ní cheannóidh mé.	Ní bhaileoidh mé.
An gceannóidh tú?	An mbaileoidh tú?

The conditional mood (*an modh coinníollach*)

One syllable and two syllables

- If the verb starts with a constonant, add a *séimhiú*. Example: *ghlanfadh*
- If the verb starts with a vowel, add a *d'*. Example: ***d'ólfadh***
- If the verb starts with an *f*, add both *d'* and a *séimhiú*. Example: ***d'fhanfadh***

One syllable

Leathan	Caol
Glan	*Bris*
ghlanfainn	bhrisfinn
ghlanfá	bhrisfeá
ghlanfadh sé	bhrisfeadh sé
ghlanfadh sí	bhrisfeadh sí
ghlanfaimis	bhrisfimis
ghlanfadh sibh	bhrisfeadh sibh
ghlanfaidís	bhrisfidís
ghlanfaí (*would be cleaned*)	bhrisfí (*would be broken*)
Ní ghlanfainn.	Ní bhrisfinn.
An nglanfá?	An mbrisfeá?

Two syllables

Leathan	Caol
Ceannaigh	*Bailigh*
cheannóinn	bhaileoinn
cheannófá	bhaileofá
cheannódh	bhaileodh
cheannóimis	bhaileoimis
cheannódh sibh	bhaileodh sibh
cheannóidís	bhaileoidís
cheannófaí (*would be bought*)	bhaileofaí (*would be gathered*)
Ní cheannóinn.	Ní bhaileoinn.
An gceannófá?	An mbaileófá?

- Broad or slender endings must match up.
- *an* + *urú*; *ní* + *séimhiú*
- There is a change to the start of the verb in the past and conditional.
- There is no person mentioned in the autonomous verb. We do not know who did, does, will do or would do the action.

Irregular verbs (*na briathra neamhrialta*)

Abair (*say*)			
An aimsir chaite	*An aimsir láithreach*	*An aimsir fháistineach*	*An modh coinníollach*
dúirt mé	deirim	déarfaidh mé	déarfainn
dúirt tú	deir tú	déarfaidh tú	déarfá
dúirt sé	deir sé	déarfaidh sé	déarfadh sé
dúirt sí	deir sí	déarfaidh sí	déarfadh sí
dúramar	deirimid	déarfaimid	déarfaimis
dúirt sibh	deir sibh	déarfaidh sibh	déarfadh sibh
dúirt siad	deir siad	déarfaidh siad	déarfaidís
dúradh	deirtear	déarfar	déarfaí
Ní dúirt mé.	Ní deirim.	Ní déarfaidh mé.	Ní déarfainn.
An ndúirt tú?	An ndeir tú?	An ndéarfaidh tú?	An ndéarfá?

Beir (grab/catch)

An aimsir chaite	An aimsir láithreach	An aimsir fháistineach	An modh coinníollach
rug mé	beirim	béarfaidh mé	bhéarfainn
rug tú	beireann tú	béarfaidh tú	bhéarfá
rug sé	beireann sé	béarfaidh sé	bhéarfadh sé
rug sí	beireann sí	béarfaidh sí	bhéarfadh sí
rugamar	beirimid	béarfaimid	bhéarfaimis
rug sibh	beireann sibh	béarfaidh sibh	bhéarfadh sibh
rug siad	beireann siad	béarfaidh siad	bhéarfaidís
rugadh	beirtear	béarfar	bhéarfaí
Níor rug mé.	Ní bheirim.	Ní bhéarfaidh mé.	Ní bhéarfainn.
Ar rug tú?	An mbeireann tú?	An mbéarfaidh tú?	An mbéarfá?

Bí (be)

An aimsir chaite	An aimsir láithreach	An aimsir fháistineach	An modh coinníollach
bhí mé	táim/bím	beidh mé	bheinn
bhí tú	tá tú/bíonn tú	beidh tú	bheifeá
bhí sé	tá sé/bíonn sé	beidh sé	bheadh sé
bhí sí	tá sí/bíonn sí	beidh sí	bheadh sí
bhíomar	táimid/bímid	beimid	bheimis
bhí sibh	tá sibh/bíonn sibh	beidh sibh	bheadh sibh
bhí siad	tá siad/bíonn siad	beidh siad	bheidís
bhíothas	táthar/bítear	beifear	bheifí
Ní raibh mé.	Nílim./Ní bhím.	Ní bheidh mé.	Ní bheinn.
An raibh tú?	An bhfuil tú?/ An mbíonn tú?	An mbeidh tú?	An mbeifeá?

Clois (hear)

An aimsir chaite	An aimsir láithreach	An aimsir fháistineach	An modh coinníollach
chuala mé	cloisim	cloisfidh mé	chloisfinn
chuala tú	cloiseann tú	cloisfidh tú	chloisfeá
chuala sé	cloiseann sé	cloisfidh sé	chloisfeadh sé
chuala sí	cloiseann sí	cloisfidh sí	chloisfeadh sí
chualamar	cloiseamar	cloisfimid	chloisfimis
chuala sibh	cloiseann sibh	cloisfidh sibh	chloisfeadh sibh
chuala siad	cloiseann siad	cloisfidh siad	chloisfidís
chualathas	cloistear	cloisfear	chloisfí
Níor chuala mé.	Ní chloisim.	Ní chloisfidh mé.	Ní chloisfinn.
Ar chuala tú?	An gcloiseann tú?	An gcloisfidh tú?	An gcloisfeá?

Déan (make/do)			
An aimsir chaite	An aimsir láithreach	An aimsir fháistineach	An modh coinníollach
rinne mé	déanaim	déanfaidh mé	dhéanfainn
rinne tú	déanann tú	déanfaidh tú	dhéanfá
rinne sé	déanann sé	déanfaidh sé	dhéanfadh sé
rinne sí	déanann sí	déanfaidh sí	dhéanfadh sí
rinneamar	déanaimid	déanfaimid	dhéanfaimis
rinne sibh	déanann sibh	déanfaidh sibh	dhéanfadh sibh
rinne siad	déanann siad	déanfaidh siad	dhéanfaidís
rinneadh	déantar	déanfar	dhéanfaí
Ní dhearna mé.	Ní dhéanaim.	Ní dhéanfaidh mé.	Ní dhéanfainn.
An ndearna tú?	An ndéanann tú?	An ndéanfaidh tú?	An ndéanfá?

Faigh (get)			
An aimsir chaite	An aimsir láithreach	An aimsir fháistineach	An modh coinníollach
fuair mé	faighim	gheobhaidh mé	gheobhainn
fuair tú	faigheann tú	gheobhaidh tú	gheofá
fuair sé	faigheann sé	gheobhaidh sé	gheobhadh sé
fuair sí	faigheann sí	gheobhaidh sí	gheobhadh sí
fuaireamar	faighimid	gheobhaimid	gheobhaimis
fuair sibh	faigheann sibh	gheobhaidh sibh	gheobhadh sibh
fuair siad	faigheann siad	gheobhaidh siad	gheobhaidís
fuarthas	faightear	gheofar	gheofaí
Ní bhfuair mé.	Ní fhaighim.	Ní bhfaighidh mé.	Ní bhfaighinn.
An bhfuair tú?	An bhfaigheann tú?	An bhfaighidh tú?	An bhfaighfeá?

Feic (see)

An aimsir chaite	An aimsir láithreach	An aimsir fháistineach	An modh coinníollach
chonaic mé	feicim	feicfidh mé	d'fheicfinn
chonaic tú	feiceann tú	feicfidh tú	d'fheicfeá
chonaic sé	feiceann sé	feicfidh sé	d'fheicfeadh sé
chonaic sí	feiceann sí	feicfidh sí	d'fheicfeadh sí
chonaiceamar	feicimid	feicfimid	d'fheicfimis
chonaic sibh	feiceann sibh	feicfidh sibh	d'fheicfeadh sibh
chonaic siad	feiceann siad	feicfidh siad	d'fheicfidís
chonacthas	feictear	feicfear	d'fheicfí
Ní fhaca mé.	Ní fheicim.	Ní fheicfidh mé.	Ní fheicifinn.
An bhfaca tú?	An bhfeiceann tú?	An bhfeicfidh tú?	An bhfeicfeá?

Ith (eat)

An aimsir chaite	An aimsir láithreach	An aimsir fháistineach	An modh coinníollach
d'ith mé	ithim	íosfaidh mé	d'íosfainn
d'ith tú	itheann tú	íosfaidh tú	d'íosfá
d'ith sé	itheann sé	íosfaidh sé	d'íosfadh sé
d'ith sí	itheann sí	íosfaidh sí	d'íosfadh sí
d'itheamar	ithimid	íosfaimid	d'íosfamis
d'ith sibh	itheann sibh	íosfaidh sibh	d'íosfadh sibh
d'ith siad	itheann siad	íosfaidh siad	d'íosfaidís
itheadh	itear	íosfar	d'íosfaí
Níor ith mé.	Ní ithim.	Ní íosfaidh mé.	Ní íosfainn.
Ar ith tú?	An itheann tú?	An íosfaidh tú?	An íosfá?

Tabhair (give)

An aimsir chaite	An aimsir láithreach	An aimsir fháistineach	An modh coinníollach
thug mé	tugaim	tabharfaidh mé	thabharfainn
thug tú	tugann tú	tabharfaidh tú	thabharfá
thug sé	tugann sé	tabharfaidh sé	thabharfadh sé
thug sí	tugann sí	tabharfaidh sí	thabharfadh sí
thugamar	tugaimid	tabharfaimid	thabharfaimis
thug sibh	tugann sibh	tabharfaidh sibh	thabharfadh sibh
thug siad	tugann siad	tabharfaidh siad	thabharfaidís
tugadh	tugtar	tabharfar	thabharfaí
Níor thug mé.	Ní thugaim.	Ní thabharfaidh mé.	Ní thabharfainn.
Ar thug tú?	An dtugann tú?	An dtabharfaidh tú?	An dtabharfá?

Tar (come)

An aimsir chaite	An aimsir láithreach	An aimsir fháistineach	An modh coinníollach
tháinig mé	tagaim	tiocfaidh mé	thiocfainn
tháinig tú	tagann tú	tiocfaidh tú	thiocfá
tháinig sé	tagann sé	tiocfaidh sé	thiocfadh sé
tháinig sí	tagann sí	tiocfaidh sí	thiocfadh sí
thángamar	tagaimid	tiocfaimid	thiocfaimis
tháinig sibh	tagann sibh	tiocfaidh sibh	thiocfadh sibh
tháinig siad	tagann siad	tiocfaidh siad	thiocfaimis
thángthas	tagtar	tiocfar	thiocfaí
Níor tháinig mé.	Ní thagaim.	Ní thiocfaidh mé.	Ní thiocfainn.
Ar tháinig tú?	An dtagann tú?	An dtiocfaidh tú?	An dtiocfá?

Téigh (go)

An aimsir chaite	An aimsir láithreach	An aimsir fháistineach	An modh coinníollach
chuaigh mé	téim	rachaidh mé	rachainn
chuaigh tú	téann tú	rachaidh tú	rachfá
chuaigh sé	téann sé	rachaidh sé	rachadh sé
chuaigh sí	téann sí	rachaidh sí	rachadh sí
chuamar	téimid	rachaimid	rachaimis
chuaigh sibh	téann sibh	rachaidh sibh	rachadh sibh
chuaigh siad	téann siad	rachaidh siad	rachaidís
chuathas	téitear	rachfar	rachfaí
Ní dheachaigh mé.	Ní théim.	Ní rachaidh mé.	Ní rachainn.
An ndeachaigh tú?	An dtéann tú?	An rachaidh tu?	An rachfá?

The Copula (*an Chopail*)

Use the copula, *is*:
- with a noun. Example: *Is cailín mé.*
- when introducing yourself. Example: *Is mise Siobhán.*
- when saying where you are from. Example: *Is as Corcaigh mé.*
- to describe a person. Example: *Is buachaill spórtúil é.*
- when naming someone's job. Example: *Is múinteoir é Damien.*

Here are the forms of the copula:

	An aimsir chaite	An aimsir láithreach	An aimsir fháistineach	An modh coinníollach
Dearfach	ba + séimhiú/b'	is	is	ba + séimhiú/b'
Diúltach	níor(bh) + séimhiú	ní	ní	níor(bh) + séimhiú
Ceisteach	ar + séimhiú	an	an	ar + séimhiú
Ceist dhiúltach	nár + séimhiú	nach	nach	nár(bh) + séimhiú
Indíreach (dearfach)	gur(bh) + séimhiú	go	go	gur(bh) + séimhiú
Indíreach (diúltach)	nár(bh) + séimhiú	nach	nach	nár(bh) + séimhiú

And here are some examples of its use:

An aimsir chaite/an modh coinníollach	
Ba mhadra dána ar maidin é.	*He was/would be a bold dog in the morning.*
Níor mhadra dána ar maidin é.	*He wasn't/wouldn't be a bold dog in the morning.*
Ar mhadra dána ar maidin é?	*Was/Would he be a bold dog in the morning?*
Nár mhadra dána ar maidin é?	*Wasn't/Wouldn't he be a bold dog in the morning?*
Chuala mé gur mhadra dána ar maidin é.	*I heard that he was/would be a bold dog in the morning.*
Dúirt sí nár mhadra dána ar maidin é.	*She said that he wasn't/wouldn't be a bold dog in the morning.*

An aimsir láithreach

Is madra dána ar maidin é.	He is a bold dog in the morning.
Ní madra dána ar maidin é.	He is not a bold dog in the morning.
An madra dána ar maidin é?	Is he a bold dog in the morning?
Ní madra dána ar maidin é.	He is not a bold dog in the morning.
Cloisim gur madra dána ar maidin é.	I hear he is a bold dog in the morning.
Deir sí nach madra dána ar maidin é.	She says he is not a bold dog in the morning.

Other phrases with the copula

Is maith liom …	I like …	Is féidir liom …	I can …
Is fuath liom …	I hate …	Is gráin liom …	I hate …
Ní mór dom …	I must …	Is dóigh liom …	I think …
Is cuimhin liom …	I remember …	Is mian liom …	I want to …

The Possessive Adjective (*an Aidiacht Shealbhach*)

The possessive adjective is used to express ownership. Here are its forms:

Le hainmfhocail ag tosú le consan	Le hainmfhocail ag tosú le guta
mo + séimhiú	m'
do + séimhiú	d'
a (*his*) + séimhiú	a (*his*) + no change
a (*her*) + no change	a (*her*) + h
ár + urú	ár + n-
bhur + urú	bhur + n-
a (*their*) + urú	a (*their*) + urú

And here are some examples of its use:

mo chóta	*my coat*	m'aintín	*my aunt*
do chóta	*your (singular) coat*	d'aintín	*your (singular) aunt*
a chóta	*his coat*	a aintín	*his aunt*
a cóta	*her coat*	a haintín	*her aunt*
ár gcóta	*our coat*	ár n-aintín	*our aunt*
bhur gcóta	*your (plural) coat*	bhur n-aintín	*your (plural) aunt*
a gcóta	*their coat*	a n-aintín	*their aunt*

Prepositions (*Réamhfhocail*)

Ag (*at/to*)	Ar (*on*)	As (*out of*)
agam	orm	asam
agat	ort	asat
aige	air	as
aici	uirthi	aisti
againn	orainn	asainn
agaibh	oraibh	asaibh
acu	orthu	astu
Bhí mé **ag an** siopa.	Bhí mé **ar an m**bus.	Léim me **as an** leaba.
Níl cóta **aici**.	Tá eagla **orm**.	Bhain sí geit **asam**.
Chuig (*to*)	**De (*of/from*)**	**Do (*for*)**
chugam	díom	dom
chugat	díot	duit
chuige	de	dó
chuici	di	di
chugainn	dínn	dúinn
chugaibh	díbh	daoibh
chucu	díobh	dóibh
Chuaigh mé **chuig an b**pictiúrlann.	Thit sé **den** chapall.	Thug sé bronntanas **don** chailín.
Sheol sí litir **chugam**.	Bhain mé **díom** mo gheansaí.	Tabhair **dom** an siúcra.
Faoi (*about/under*)	**Idir (*between*)**	**Le (*with*)**
fúm	idir mé	liom
fút	idir tú	leat
faoi	idir sé	leis
fúithi	idir sí	léi
fúinn	eadrainn	linn
fúibh	eadraibh	libh
fúthu	eatarthu	leo
Chuala mé **faoi** Sheán.	Tá bóthar fada **idir** Corcaigh agus Baile Átha Cliath.	Chuaigh mé **le** mo chara.
Bhí siad ag caint **fúm**.	Bhí spás mór **eatarthu**.	Thaitin an cheolchoirm **liom**.

Ó (from)	Roimh (before)
uaim	romham
uait	romhat
ó	roimh
uaithi	roimpi
uainn	romhainn
uaibh	romhaibh
uathu	rompu
Tháinig sí **ó** Chiarraí.	Tá rang mata againn **roimh** lón.
Tá seacláid **uaim**.	Tá fáilte **romhat**.

Séimhiú and Urú

Séimhiú

- A *séimhiú* is a *h* added after the initial consonant of a noun or verb. It looks like this: g*h*airdín.

- Below are some common examples of situations where a *séimhiú* is used.

ar
- Tá eagla **ar** Dhoireann.
- Tháinig mé anseo **ar** bhus.

de/den
- Bhain sé an hata **de** Sheán.
- Thit Nadia **den** chapall.

do/don
- Thug mé bronntanas **do** Mháire.
- Thug sí an cóipleabhar **don** pháiste.

faoi
- Thosaigh sé ag caint **faoi** Shíle.
- Bhí an madra **faoi** chathaoir sa chistin.

mar
- D'oibrigh sí **mar** phríomhoide.
- Bhí sé **mar** mhaidin gheimhridh.

ó
- Tháinig mé **ó** Bhaile Átha Cliath.
- Fuair mé bronntanas **ó** Mhamaí.

roimh
- Tá eagla orm **roimh** thaibhsí.
- Chuir mé fáilte **roimh** Shéamas.

trí
- Rinne mé **trí** thimpiste é.
- Chuaigh an teach **trí** thine.

sa
- Chuir mé mo bhosca lóin **sa** mhála.
- Shuigh mé **sa** ghairdín.

mo
- Chuir mé orm **mo** gheansaí.
- Cá bhfuil **mo** mhála scoile?

do
- Tabhair dom **do** chóipleabhar.
- Cá bhfuil **do** chóta?

a (*his*)
- D'oscail sé **a** mhála scoile.
- Cá bhfuil **a** gheansaí?

an-
- Bhí an scannán **an-**mhaith.
- Bhí sé **an-**fhuar taobh amuigh.

ró-
- Táim **ró**the i mo chuid buataisí.
- Bhí an rothar **ró**mhór don pháiste.

má
- **Má** théann tú abhaile beidh tú i dtrioblóid.
- **Má** chuireann tú an teilifís ar siúl, dúiseoidh Mamó.

nuair a
- **Nuair a** théim ar scoil, cuirim mo chuid leabhar sa taisceadán.
- Bím brónach **nuair a** fhéachaim ar an scannán *Marley and Me*.

dhá–sé
- **dhá** chóta
- **trí** chóipleabhar
- **ceithre** cheapaire
- **cúig** bhord
- **sé** chófra

Grammar alert!
As with most aspects of grammar in Irish, there are exceptions, but if you follow these rules and become familiar with the exceptions, you will be on the right path.

Exceptions include:
- *ar scoil*
- *ar maidin*

DNTLS
If one word finishes with any of the letters DNTLS and the next word starts with any of them, there is no *séimhiú*. Example: *an-deas*

Urú

An *urú* is a letter that goes in front of a word. Different initial letters have different *uruithe*.

Here's a reminder:

Urú					
mb	gc	nd	bhf	ng	bp

GRAMMAR

Below are some common examples of where an *urú* is used.

i
- Bhí mé **i m**Baile Átha Cliath inné.
- Tá súil agam go bhfuil tú **i m**barr na sláinte.

ag an
- Bhí mé **ag an g**cluiche aréir.
- Tá tarracóir nua **ag an bh**feirmeoir.

ar an
- Thainig mé ar scoil **ar an m**bus.
- Bhí gúna dearg **ar an g**cailín.

as an
- Léim mo dhearthair **as an g**carr nuair a shroich sé an t-aerfort.
- Baineadh geit uafásach **as an bh**feirmeoir nuair a chaill sé a mhadra.

chuig an
- Chuaigh mé agus mo chairde **chuig an b**pictiúrlann.
- Tháinig an t-imreoir **chuig an g**cluiche lena chara.

faoin
- Luigh an madra **faoin m**bord.
- Thit mo cheapaire **faoin g**cathaoir.

leis an
- Chuaigh mé chuig an gceolchoirm **leis an n**grúpa.
- Níor éist mé **leis an b**príomhoide.

ón
- Tháinig sé abhaile **ón b**páirc peile.
- Chuaigh siad go dtí an cheolchoirm **ón m**bialann.

roimh an
- Bhí eagla orm **roimh an b**príomhoide.
- Bhí mé an-neirbhíseach **roimh an g**cluiche.

thar an
- Léim an capall **thar an n**geata.
- D'eitil an t-éan **thar an g**crann.

tríd an
- Rith an chaora díreach **tríd an n**geata.
- Bhíomar caillte ag siúl **tríd an m**baile.

a (*their*)
- Cheannaigh siad **a m**bróga i nDún Droma.
- Chuir siad a gceapairí ina **m**bosca lóin.

ár
- Cá bhfuil **ár g**cóipleabhair?
- Is duine cairdiúil é **ár n-**athair.

dá
- **Dá m**beadh níos mó airgid agam, cheannóinn carr nua.
- **Dá g**cuirfinn níos mó airgid sa bhanc, bheinn níos saibhre.

seacht–deich
- Tá **seacht g**cóipleabhar ag mo dheirfiúr.
- Tháinig **ocht m**bus go dtí an caisleán.
- Ghoid an gadaí **naoi bh**fón aréir.
- Tá **deich n**geata ar an bhfeirm seo.

Numbers (*Uimhreacha*)

0 a náid	11 a haon déag	21 fiche is a haon
1 a haon	12 a dó dhéag	22 fiche is a dó
2 a dó	13 a trí déag	33 tríocha is a trí
3 a trí	14 a ceathair déag	44 daichead is a ceathair
4 a ceathair	15 a cúig déag	55 caoga is a cúig
5 a cúig	16 a sé déag	66 seasca is a sé
6 a sé	17 a seacht déag	77 seachtó is a seacht
7 a seacht	18 a hocht déag	88 ochtó is a hocht
8 a hocht	19 a naoi déag	99 nócha is a naoi
9 a naoi	20 fiche	100 céad
10 a deich		
100 céad	107 céad is a seacht	1,000 míle
200 dhá chéad	212 dhá chéad is a dó dhéag	
300 trí chéad	321 trí chéad fiche is a haon	
400 ceithre chéad	433 ceithre chéad tríocha is a trí	
500 cúig chéad	546 cúig chéad daichead is a sé	
600 sé chéad	657 sé chéad caoga is a seacht	
700 seacht gcéad	765 seacht gcéad seasca is a cúig	
800 ocht gcéad	872 ocht gcéad seachtó is a dó	
900 naoi gcéad	989 naoi gcéad ochtó is a naoi	

Counting

Grammar alert!
Notice the difference when counting:
- *dó* turns to *dhá*
- *ceathair* turns to *ceithre*
- the numbers *dhá–sé* take a *séimhiú*
- the numbers *seacht–deich* take an *urú* (remember that the *urú* for a vowel is *n-*).

GRAMMAR

Consan	Guta	Consan	Guta
1 pictiúr amháin	úll amháin	11 aon phictiúr déag	aon úll déag
2 **dhá** phictiúr	**dhá** úll	12 **dhá** phictiúr déag	**dhá** úll déag
3 trí phictiúr	trí úll	13 trí phictiúr déag	trí úll déag
4 **ceithre** phictiúr	**ceithre** úll	14 **ceithre** phictiúr déag	**ceithre** úll déag
5 cúig phictiúr	cúig úll	15 cúig phictiúr déag	cúig úll déag
6 sé phictiúr	sé úll	16 sé phictiúr déag	sé úll déag
7 seacht **b**pictiúr	seacht **n**-úll	17 seacht **b**pictiúr déag	seacht **n**-úll déag
8 ocht **b**pictiúr	ocht **n**-úll	18 ocht **b**pictiúr déag	ocht **n**-úll déag
9 naoi **b**pictiúr	naoi **n**-úll	19 naoi **b**pictiúr déag	naoi **n**-úll déag
10 deich **b**pictiúr	deich **n**-úll	20 fiche pictiúr	fiche úll

Grammar alert!
A few nouns behave differently with numbers.

Bliain
- bliain amháin
- dhá bhliain
- trí–sé bliana
- seacht–deich mbliana

Ceann
- ceann amháin
- dhá cheann
- trí–sé cinn
- seacht–deich gcinn

Seachtain
- seachtain amháin
- dhá sheachtain
- trí–sé seachtaine
- seacht–deich seachtaine

Uair
- uair amháin
- dhá uair
- trí–sé huaire
- seacht–deich n-uaire

Counting people

1 duine amháin	11 aon duine dhéag	21 duine is fiche
2 beirt	12 dáréag	32 dhá dhuine is tríocha
3 triúr	13 trí dhuine dhéag	43 trí dhuine is daichead
4 ceathrar	14 ceithre dhuine dhéag	54 ceithre dhuine is caoga
5 cúigear	15 cúig dhuine dhéag	65 cúig dhuine is seasca
6 seisear	16 sé dhuine dhéag	76 sé dhuine is seachtó
7 seachtar	17 seacht nduine dhéag	87 seacht nduine is ochtó
8 ochtar	18 ocht nduine dhéag	98 ocht nduine is nócha
9 naonúr	19 naoi nduine dhéag	100 céad duine
10 deichniúr	20 fiche duine	1,000 míle duine

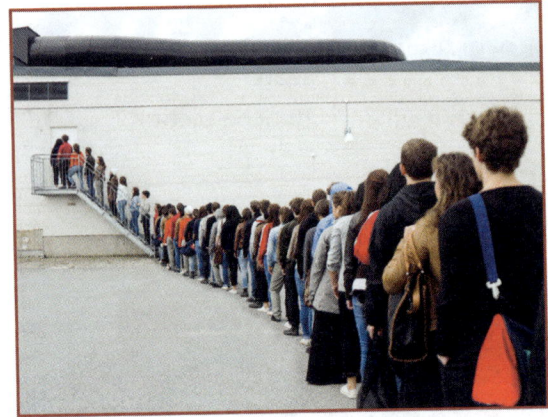

The Genitive Case (*an Tuiseal Ginideach*)

The genitive case is a noun form. It is used when:
- referring to possession. Example: *hata **an fhir***
- talking about amounts. Example: *an iomarca **airgid***
- after compound prepositions. Example: *i rith **na seachtaine***
- after verbal nouns. Example: *ag imirt **peile***
- after *trasna/chun/timpeall*. Example: *trasna **an bhóthair***
- if two nouns are connected. Example: *cluiche **peile***

You need to be able to recognise the genitive case. As you learn to recognise it, you will become more familiar with when it is used.

key point

- There are masculine and feminine nouns in Irish. These behave differently when the genitive case is applied.
- If you see a noun that is spelled differently from normal, it is probably in the genitive case.

Masculine nouns

Here are some tips on how to recognise masculine nouns in Irish.
- They often end in a broad consonant. Example: *dán*
- They often end in a vowel. Example: *file*
- They sometimes end in *éal*, *éad*, *adh* or *eadh*. Example: *buidéal*
- Nouns referring to jobs are generally masculine. Example: *feirmeoir*

When the genitive case is used, the spelling of the noun changes.
- Nouns get a *séimhiú*. Example: *file* ➡ *ainm* **an fhile**
- Nouns ending in a broad vowel are slenderised. Example: *dán* ➡ *tús* **an dáin**
- Nouns ending in *óir* or *éir* are broadened and an *a* is added at the end. Example: *feirmeoir* ➡ *páirc* **an fheirmeora**
- Nouns ending in *éal* or *adh* are slenderised. Examples: *buidéal* ➡ *dath* **an bhuidéil**, *samhradh* ➡ *deireadh* **an tsamhraidh**

Feminine nouns

Here are some tips on how to recognise feminine nouns in Irish.
- The last vowel before a final consonant is often *i*. Example: *áit*
- They often end in *acht*, *eacht*, *aíocht* or *íocht*. Example: *filíocht*
- They often end in *óg*, *eog* or *lann*. Example: *pictiúrlann*
- Most countries are feminine. Example: *An Spáinn*

Na is the article used with feminine nouns in the genitive case. When the genitive case is used, the spelling of the noun changes.
- Nouns that end in a slender consonant get an *e* at the end. Example: *áit* ➡ *muintir* **na háite**
- Nouns ending in *acht*, *eacht*, *aíocht* or *íocht* get an *a* at the end. Example: *filíocht* ➡ *atmaisféar* **na filíochta**
- Nouns ending in *óg*, *eog* or *lann* are slenderised and an *e* is added. Example: *pictiúrlann* ➡ *suíomh* **na pictiúrlainne**
- An *e* is added at the end of the names of most countries. Example: *An Spáinn* ➡ *aimsir* **na Spáinne**

Grammar alert!

To recognise the genitive plural, look for *na* + *urú*.

Examples: *méid **na b**pictiúrlann*, *líon **na b**polaiteoirí*

Sample Questions and Answers

Sample question 1

Léigh an t-alt thíos. Tá cló trom ar chuid de na focail san alt agus tá eagarthóireacht le déanamh orthu. Déan an eagarthóireacht sin (litriú, poncaíocht nó aon athrú eile) agus scríobh isteach sa ghreille thíos na leaganacha cearta de na focail sin. Tá uimhir a haon déanta mar shampla duit.

Suas leat!

Mí **eanáir**(1) seo caite **imigh**(2) balún **aer**(3) ón tSeapáin. 'Two Eagles' ab ainm dó. **Bí**(4) beirt phaisinéirí sa **balún**(5). **Seachtainí**(6) amháin níos **déanach**(7), **tuirling**(8) an **mbalún**(9) amach **o**(10) chósta **mheicsiceo**(11).

SEC Sample Paper 2020

Sample answer 1

1: **Eanáir**	7: níos déanaí
2: d'imigh	8: thuirling
3: aeir	9: balún
4: Bhí	10: ó
5: bhalún	11: Mheicsiceo
6: Seachtain	

GRAMMAR 179

Sample question 2

Léigh an t-alt thíos dar teideal *An Ghaeltokt*, leathanach atá ar fáil ar ardán *TikTok*. Feicfidh tú go bhfuil bearnaí sa téacs. Líon na bearnaí leis an bhfocal as an liosta thíos is dóigh leat atá ceart. Bí cúramach, tá **dhá** fhocal ann nach bhfuil le húsáid ar chor ar bith.

Cruthaíodh leathanach nua __do__(1) chainteoirí Gaeilge ar an ardán *TikTok* le déanaí. Bíonn físeáin thopaiciúla nua i _____(2) ar fáil ansin gach lá anois. Is iad na *GaelTokkers* Conor Ó Lúadhóg, Ruairí Egan, Leah Ní Mhurchú _____(3) Póilín Nic Géidigh a _____(4) an leathanach ar dtús. Tá siad _____(5) an Ghaeilge a chur chun cinn ar an ardán nuálach, físiúil le _____(6) óga eile a spreagadh leis an teanga a úsáid ar líne.

agus	nGaeilge	~~do~~	daoine
ach	thosaigh	ag Iarraidh	eile

SEC Exam Paper 2022

Sample answer 2

1: do	4: thosaigh
2: nGaeilge	5: ag iarraidh
3: agus	6: daoine

Sample question 3

(a) Tá trí fhocal i gcló trom i ngach ceann de na habairtí thíos. Tá ceann **amháin** de na focail sin ceart. Cuir ciorcal timpeall an fhocail **amháin** sin is dóigh leat atá ceart. Tá **(1)** déanta mar shampla duit.

  Lá Idirnáisiúnta na Straoiseog (Emoji)

(1) (**Bhí**) / **Bí** / **Bíonn** ceiliúradh ar siúl le déanaí ar Lá Idirnáisiúnta na Straoiseog (*Emoji*).

(2) Rinneadh taighde ar ábhar cainte lucht labhartha na Gaeilge ar **an** / **na** / **iad** meáin shóisialta.

(3) **Bain** / **Baintear** / **Baineann** cainteoirí Gaeilge úsáid as straoiseoga éagsúla gach lá.

(4) Tá liosta **fad** / **fhad** / **fada** curtha le chéile den 100 straoiseog is coitianta a úsáidtear.

(5) Is é an 'bualadh bos' 👏 an straoiseog is fearr leis na **cainteoir** / **gcainteoir** / **cainteoirí** Gaeilge.

(6) **Bí** / **Bíonn** / **Bítear** an straoiseog seo in úsáid gach lá le moladh a thabhairt do dhaoine.

(b) Luaigh an straoiseog (*emoji*) is mó a úsáideann tú féin. Déan cur síos gairid ar an úsáid a bhaineann tú as an straoiseog sin.

SEC Exam Paper 2022

Sample answer 3
(a) **(2)** na **(3)** Baineann **(4)** fada **(5)** cainteoirí **(6)** Bíonn

(b) An straoiseog is mó a úsáidim féin ná an aghaidh ag gáire. Úsáidim í seachas ag scríobh mar taispeánann sí go bhfuilim ag gáire nó sásta le rud éigin. Úsáidim í gach lá le mo chairde agus muid ag pleidhcíocht ar na fóin um thráthnóna.

Sample question 4
Ceartaigh na botúin anseo. Tá an chéad ceann déanta duit.

Haigh, a chairde! Máirtín is ainm dom. Is mise an duine is **sean**(1) i mo **teaghlach**(2). Tá **dhá**(3) deirfiúracha agam. Tá Sibhéal trí **mbliana**(4) d'aois. Tá sí sportúil agus **cairdúl**(5). Is maith liom a bheith ag léamh agus ag siúl le mo mhadra. **Freastal mé**(6) ar Choláiste Eoin i **cathair**(7) Chill Chainnigh. Is é mata an t-ábhar is fearr liom mar **bí**(8) an múinteoir deas. **Imir mé**(9) peil cúpla uair sa tseachtain agus de ghnáth bíonn cluiche agam ar an **satharn**(10). Ba mhaith liom peil a imirt don **contae**(11) lá amháin.

Sample answer 4

1: **sine**	7: gcathair
2: theaghlach	8: tá
3: beirt	9: Imrím
4: bliana	10: Satharn
5: cairdiúil	11: chontae
6: Freastalaím	

Sample question 5

Cuir ciorcal timpeall ar na freagraí cearta sna habairtí seo.

(a) **Chuaigh / Téim** chuig cluiche peile gach Aoine le mo **dhaid / daid**.
(b) Tá ceithre **seomra / sheomra** i **teach / dteach** m'áintín.
(c) Titeann duilleoga ón **crann / gcrann** sa **gheimhreadh / geimhreadh**.
(d) **Cuireann / Chuir** mé an leabhar ar an **bord / mbord** inné.
(e) Níl aon **thinteán / tinteán** mar do **thinteán / tinteán** féin.

Sample answer 5

(a) Téim, dhaid
(b) sheomra, dteach
(c) gcrann, gheimhreadh
(d) Chuir, mbord
(e) tinteán, thinteán

Sample question 6

(a) Léigh an t-alt thíos dar teideal *Paul Conroy, Ambasadóir Gaeilge CLG 2022*, atá ar fáil ar *www.gaa.ie*. Feicfidh tú go bhfuil bearnaí sa téacs. Líon na bearnaí leis an bhfocal as an liosta thíos is dóigh leat atá ceart. Bí cúramach, tá **dhá** fhocal ann nach bhfuil le húsáid ar chor ar bith.

Tá Paul Conroy ag imirt **le** foireann shinsir pheile na Gaillimhe. Bhí Paul Conroy _____ Ambasadóir na Gaeilge ag Cumann Lúthchleas Gael in 2022. Rugadh agus tógadh Paul le Gaeilge i gcathair _____ Gaillimhe. Tá Paul sáite _____ saol na Gaeilge. Tá an Ghaeilge fite fuaite i saol oibre _____ pearsanta Paul. Bíonn sé ag _____ Gaeilge chuile lá agus bíonn sé ag múineadh Gaeilge freisin.

i	agus	nó	na
mar	labhairt	~~le~~	sé

SEC Exam Paper 2023

Sample answer 6

Tá Paul Conroy ag imirt **le** foireann shinsir pheile na Gaillimhe. Bhí Paul Conroy mar Ambasadóir na Gaeilge ag Cumann Lúthchleas Gael in 2022. Rugadh agus tógadh Paul le Gaeilge i gcathair **na** Gaillimhe. Tá Paul sáite **i** saol na Gaeilge. Tá an Ghaeilge fite fuaite i saol oibre **agus** pearsanta Paul. Bíonn sé ag **labhairt** Gaeilge chuile lá agus bíonn sé ag múineadh Gaeilge freisin.

Listening Scripts

Sample question 1

Scan this QR code to hear the audio

Tá ceithre cheist sa triail seo – Ceist 1, Ceist 2, Ceist 3 agus Ceist 4.

Ceist 1
Léigh anois go cúramach ar do scrúdpháipéar na treoracha agus na ceisteanna a ghabhann le Ceist 1.

Cainteoir

Iarlaith Ó Gallchobhair anseo. Tá mé i mo chónaí in aice le Leifear i gContae Dhún na nGall. Tá beirt deartháireacha agam, Séamas agus Eoin. Tá Séamas san Astráil ag obair mar innealtóir agus tá Eoin i nGaillimh ag freastal ar Ollscoil na hÉireann Gaillimh. Tá an-spéis agam i gceol tíre agus bím ag éisteacht go minic leis ar m'fhón póca. Is aoibhinn liom an ceoltóir Nathan Carter agus chuaigh mé chuig ceolchoirm dá chuid anuraidh.

Ceist 2
Léigh anois go cúramach ar do scrúdpháipéar na treoracha agus na ceisteanna a ghabhann le Ceist 2.

Fógra

An príomhoide anseo. Tá fógra agam daoibh. Mar is eol daoibh, níl an córas teasa ag obair ó am lóin inniu. Mar sin beidh an scoil dúnta amárach agus an lá dar gcionn, chun an córas a dheisiú. Osclófar an scoil arís maidin Dé Luain seo chugainn. Sheol mé téacs chuig bhur dtuismitheoirí faoi seo.

Ceist 3
Léigh anois go cúramach ar do scrúdpháipéar na treoracha agus na ceisteanna a ghabhann le Ceist 3.

Píosa nuachta

Tá Páirc Foraoise Loch Cé suite in aice le Mainistir na Buaille i gContae Ros Comáin. Is ionad saoire iontach í Páirc Foraoise Loch Cé don chlann ar fad. Tá go leor le déanamh ann do gach aoisghrúpa. Is féidir dul ag dreapadóireacht i mbarr na gcrann, dul ar thuras báid nó dul ag rothaíocht ar fud na háite. Tá bialann álainn agus siopa deas ann freisin.

Ceist 4

Léigh anois go cúramach ar do scrúdpháipéar na treoracha agus na ceisteanna a ghabhann le Ceist 4.

Comhrá

Tomás: Dia duit, a Mháire. Cad a thugann go hIonad Siopadóireachta Dhún Droma i mBaile Átha Cliath thú inniu?

Máire: Ó, Dia is Muire duit, a Thomáis. Táim féin agus mo chairde ag siopadóireacht anseo inniu.

Tomás: Conas atá an tsiopadóireacht, a Mháire? Ar cheannaigh tú aon rud duit féin?

Máire: Tá an tsiopadóireacht ar fheabhas. Tá siopaí iontacha agus bialanna áille anseo. An rud is fearr liom ar fad ná na sladmhargaí den scoth atá ar fud na háite. Agus tá an rogha faisin ar fheabhas. Cheannaigh mé éadaí galánta, bróga aoibhne agus mála láimhe dom féin go dtí seo. An bhfuil tú féin ag siopadóireacht anseo, a Thomáis?

Tomás: Nílim, a Mháire. Is amhlaidh go bhfuilim ar cuairt chuig mo chol ceathracha. Táimid ar an mbealach chuig an bpictiúrlann anois go bhfeicimid an scannán *The Avengers: Endgame*. Ina dhiaidh sin, táimid le dul chuig bialann Iodálach i gcomhair dinnéir.

Máire: Ní bheidh díomá ort i dtaobh an scannáin, a Thomáis. Chonaic mise *The Avengers: Endgame* an deireadh seachtaine seo caite agus bhí sé ar fheabhas. Tugann Brie Larson taispeántas iontach aisteoireachta agus tá an t-aicsean ar fad dochreidte. Bain taitneamh as.

Tomás: Slán agat, a Mháire.

Sin deireadh na trialach. Slán agaibh.

Coimisiún na Scrúduithe Stáit, Scrúdú Deiridh na Sraithe Sóisearaí/Junior Cycle Final Examination, Gaeilge T2 Ardleibhéal agus Gnáthleibhéal, Triail Éisteachta Shamplach

Sample question 2

Tá trí cheist sa triail seo: Ceist 1, Ceist 2 agus Ceist 3.

Scan this QR code to hear the audio

Ceist 1
Léigh anois go cúramach ar do scrúdpháipéar na treoracha agus na ceisteanna a ghabhann le Ceist 1.

Cainteoir
Áine de Brún an t-ainm atá ormsa agus tá mé sa tríú bliain i gColáiste an Locha i gCathair na Gaillimhe. Tá áit an-tábhachtach ag an spórt i mo shaol. Bím ag imirt sacair agus camógaíochta gach lá. Imrím sacar le foireann na scoile agus imrím camógaíocht le mo chlub áitiúil. Bhuaigh muid craobh an chontae sa chamógaíocht anuraidh agus scóráil mise dhá chúl agus cúig chúilín an lá sin. Gortaíodh mo chos go dona, faraor, agus baineadh den pháirc mé deich nóiméad roimh dheireadh an chluiche. Bhí mo chroí agus mo chos briste ag an am sin ach bhí mé ag pléascadh le bród nuair a d'ardaigh muid an corn ag deireadh an cluiche.

Ceist 2
Léigh anois go cúramach ar do scrúdpháipéar na treoracha agus na ceisteanna a ghabhann le Ceist 2.

Fógra
Beidh Mairéad Ní Mhaonaigh agus a grúpa ceoil, Altan, i láthair ag oscailt oifigiúil Áras an Cheoil i Leitir Ceanainn i gContae Dhún na nGall. Gearrfaidh Mairéad an ribín ar an áras nua ar a sé a chlog ar an chéad lá de mhí Iúil 2022. Beidh seisiún ceoil ag Altan agus ag ceoltóirí an bhaile san áras nua idir leath i ndiaidh a sé agus a hocht a chlog. Más spéis le duine ar bith an bodhrán, an fhidil nó an giotár a fhoghlaim, beidh ranganna ar fáil sna huirlisí sin san ionad nua. Is féidir na huirlisí a fháil ar cíos mura bhfuil a gcuid féin ag na daltaí. Céad euro a chosnóidh cúig rang ceoil.

Ceist 3
Léigh anois go cúramach ar do scrúdpháipéar na treoracha agus na ceisteanna a ghabhann le Ceist 3.

Comhrá
Ruairí: Dia duit, a Mham. Nach tú atá go hálainn inniu? An bhfuil gúna nua ort? Nó stíl nua gruaige, b'fhéidir?
Mam: Caith uait an plámás sin, a Ruairí. Cad atá á lorg agat?
Ruairí: Ochtó euro le cluiche nua ríomhaireachta a cheannach: *FIFA 2022*. Deir gach duine gur cluiche iontach é.
Mam: Ochtó euro! An ag magadh atá tú? Ach ó luann tú cluichí, ní bheidh tusa ag imirt cluichí ríomhaireachta go ceann i bhfad.
Ruairí: Cén fáth, a Mham?
Mam: Bhain mé an ríomhaire amach as do sheomra inniu.

Ruairí: Ní bheidh mé in ann m'obair bhaile a dhéanamh gan mo ríomhaire!

Mam: Obair bhaile! Tháinig do thuairisc scoile sa phost inniu, a Ruairí. Theip ort sa mhata, san eolaíocht agus sa Bhéarla. Deir na múinteoirí go bhfuil tú an-leisciúil sa rang agus nach ndéanann tú aon obair bhaile.

Ruairí: Déanfaidh mé staidéar gach oíche as seo amach má thugann tú seans eile dom, a Mham. Glanfaidh mé mo sheomra! Nífidh mé na gréithe gach lá!

Mam: Tá deireadh leis an ríomhaire sin agus leis an airgead póca go dtí go bhfaighidh mise dea-scéal ó do chuid múinteoirí.

Ruairí: Á, múinteoirí, bhrisfeadh siad do chroí.

Sin deireadh na trialach. Slán agaibh.

Coimisiún na Scrúduithe Stáit, Scrúdú Deiridh na Sraithe Sóisearaí 2022/ Junior Cycle Final Examination 2022, Gaeilge T2 – Ardleibhéal agus Gnáthleibhéal

Sample question 3

Scan this QR code to hear the audio

Tá trí cheist sa triail seo: Ceist 1, Ceist 2 agus Ceist 3.

Ceist 1
Léigh anois go cúramach ar do scrúdpháipéar na treoracha agus na ceisteanna a ghabhann le Ceist 1.

Cainteoir
Is mise Breandán Ó Cinnéide agus táim ceithre bliana déag d'aois. Cónaím i mbaile beag darb ainm Trá Lí. Freastalaím ar Choláiste na mBráithre Críostaí sa bhaile agus is maith liom scoil. Is scoil lánbhuachaillí í agus tá go leor cairde agam. Táim sa tríú bliain faoi láthair. Déanaim ocht n-ábhar scoile agus ealaín an ceann is fearr liom. Ba mhaith liom a bheith i m'ealaíontóir tar éis na scoile. Is fuath liom mata agus staidéar gnó. Ní maith liom uimhreacha ar chor ar bith. Imrím ar fhoireann peile na scoile agus bhuamar Cluiche Ceannais na Mumhan anuraidh. Tá spórt tábhachtach i saol an duine óig mar foghlaimaíonn daoine óga comhoibriú agus scileanna pearsanta. Bíonn traenáil agam gach Máirt agus Déardaoin.

Ceist 2
Léigh anois go cúramach ar do scrúdpháipéar na treoracha agus na ceisteanna a ghabhann le Ceist 2.

Fógra
Gabh mo leithscéal, a dhaltaí, fógra anseo ón leas-phríomhoide. Beidh lá spóirt ar siúl an Aoine seo chugainn, an tríú lá is fiche de Mhí Aibreáin. Tosóidh sé ar a deich a chlog an mhaidin sin. Ba chóir do gach dalta éadaí spóirt a chaitheamh agus brógaí reatha compordacha chomh maith. Beidh na rásanna ar siúl ar an raon reatha agus beidh cluichí eile ar siúl ar an bpáirc imeartha. Téigh chuig an raon reatha ar a dó a chlog chun féachaint ar rás na múinteoirí in aghaidh dhaltaí an tséú bliain. Tá súil agam go mbainfidh an scoil go léir taitneamh as an lá spóirt seo.

Ceist 3
Léigh anois go cúramach ar do scrúdpháipéar na treoracha agus na ceisteanna a ghabhann le Ceist 3.

Cómhrá
Séamas: A Chaitríona, a chara, conas atá cúrsaí leat?

Caitríona: A Shéamais, táim ar mhuin na muice, buíochas le Dia. Bhí mé ag an bpictiúrlann aréir le mo chlann. Chonaiceamar *Avatar*. An bhfaca tú go fóill é?

Séamas: Ní fhaca, a Chaitríona. An molfá dom é a fheiceáil?

Caitríona: Ó, mholfainn, cinnte, a Shéamais. Is scannán den scoth é. Bhí caighdeán ard graificí ann agus bhí na haisteoirí go léir ar fheabhas ar fad. An t-aon ghearán a bhí ag mo dhaid ná go raibh sé rófhada. Níos mó ná trí uair an chloig!

Séamas: Sin iontach, a Chaitríona. Tá áthas orm gur bhain tú taitneamh as. Is aoibhinn liom an phictiúrlann nua sa bhaile. Tá na suíocháin an-chompordach agus tá go leor sólaistí ar fáil sa siopa.

Caitríona: Tá na suíocháin an-deas, a Shéamais, ach an bhfuil a fhios agat go bhfuil praghas na dticéad tar éis ardú? Cosnaíonn sé dhá euro dhéag chun ticéad a cheannach anois. An gcreidfeá é sin?

Séamas: Bhuel, a Chaitríona, ní bheidh aon deifir orm dul chuig an bpictiúrlann mar sin. Caithfidh mé imeacht anois – tá neart obair bhaile le déanamh agam. Tabhair aire duit féin.

Sample question 4

Scan this QR code to hear the audio

Tá trí cheist sa triail seo: Ceist 1, Ceist 2 agus Ceist 3.

Ceist 1
Léigh anois go cúramach ar do scrúdpháipéar na treoracha agus na ceisteanna a ghabhann le Ceist 1.

Cainteoir
Dia daoibh go léir. Is mise Aislinn agus is as Contae Luimnigh mé. Tá mé i mo chónaí i gCathair Luimnigh agus freastalaím ar Ardscoil Mhuire. Tá go leor le déanamh i gCathair Luimnigh. Ag na deireadh seachtaine téim ag siopadóireacht san ionad siopadóireachta, nó chuig an bpictiúrlann, nó chuig an linn snámha le mo chairde. Tá neart áiseanna do dhaoine óga i mo cheantar ar nós club óige, spórtlann, club ceoil agus club drámaíochta, chomh maith le neart áiteanna súgartha do na páistí óga. Is aoibhinn liom mo cheantar mar tá mo chairde ina gcónaí in aice láimhe agus is áit dheas bheomhar í.

LISTENING SCRIPTS

Ceist 2
Léigh anois go cúramach ar do scrúdpháipéar na treoracha agus na ceisteanna a ghabhann le Ceist 2.

Fógra

Beidh Cluiche Ceannais Iománaíochta na hÉireann ar siúl ag an deireadh seachtaine i bPáirc an Chrócaigh idir Loch Garman agus Tiobráid Árainn. Beidh na sluaite ag taisteal go Baile Átha Cliath ar bhusanna, ar thraenacha agus i ngluaisteáin. Deirtear go bhfuil an t-ochtó míle suíochán díolta. Moltar don lucht tacaíochta a bheith cúramach ar na bóithre agus na fógraí a leanúint timpeall Pháirc an Chrócaigh. Beidh neart gardaí timpeall na háite ag tabhairt treoracha don lucht tacaíochta. Bainigí taitneamh as an gcluiche!

Ceist 3
Léigh anois go cúramach ar do scrúdpháipéar na treoracha agus na ceisteanna a ghabhann le Ceist 3.

Comhrá

Síne: A Ultain, a chara. Conas atá tú? Ní fhaca mé le fada an lá thú.

Ultan: Haigh, a Shíne! Táim ar fheabhas ar fad. Tháinig mé abhaile ar an Luan. Chaith mé trí seachtaine sa Ghaeltacht thíos i bPort Láirge. An Rinn – an ndeachaigh tú ann riamh?

Síne: Ní raibh mé riamh sa Ghaeltacht, a Ultain. Cad a rinne tú ann?

Ultan: Bhí ranganna Gaeilge againn gach maidin óna naoi go dtí a dó dhéag. Um thráthnóna d'imríomar spóirt éagsúla ar nós peil Ghaelach, iománaíochta, cispheile agus eitpheile. Gach oíche bhí céilí ar siúl agus d'fhoghlaimíomar rincí nua.

Síne: Bhí tú an-ghnóthach, mar sin, a Ultain. Conas a bhí an bia sa Ghaeltacht? Agus cár chodail sibh?

Ultan: D'fhan mé i dteach le ceathrar buachaillí eile agus bhí bean an tí álainn againn. D'ullmhaigh sí bia blasta dúinn gach tráthnóna. An t-aon rud nar thaitin liom ná iasc ar an Aoine. Ní maith liom iasc.

Síne: Ní maith liom iasc ach oiread, a Ultain. An rachaidh tú ar ais an bhliain seo chugainn?

Ultan: Ó, rachaidh, cinnte. Mholfainn duitse dul ann freisin. D'fhoghlaim mé neart Gaeilge agus rinne mé roinnt cairde nua. Táim ag tnúth go mór le dul ar ais ann an samhradh seo chugainn.

Sample question 5

Tá trí cheist sa triail seo – Ceist 1, Ceist 2 agus Ceist 3.

Scan this QR code to hear the audio

Ceist 1
Léigh anois go cúramach ar do scrúdpháipéar na treoracha agus na ceisteanna a ghabhann le Ceist 1.

Cainteoir

Is mise Seán Ó Sé. Conaím faoin tuath thart ar thrí mhíle lasmuigh de Chathair Chorcaí. Is breá liom Corcaigh. Táim sé bliana déag d'aois. Tá deirfiúr amháin agam. Cáit is ainm di agus tá sí fiche bliain d'aois. Is imreoir haca í agus imríonn sí le foireann na hÉireann. Tá suim mhór agam féin sa snámh. Téim ag traenáil le mo chlub snámha gach maidin ar a sé a chlog. Tugann mo mham síob dom go dtí an linn snámha. Tá súil agam snámh ar son na hÉireann sna Cluichí Oilimpeacha lá éigin.

Ceist 2
Léigh anois go cúramach ar do scrúdpháipéar na treoracha agus na ceisteanna a ghabhann le Ceist 2.

Fógra

Tá Róise Bean Uí Néill céad bliain d'aois inniu. Fuair Róise litir speisialta ó Uachtarán na hÉireann ag déanamh comhghairdeas léi ar an lá speisialta seo. Rugadh Róise ar Árainn Mhór i gContae Dhún na nGall agus is ann atá cónaí uirthi ó shin. Ceathrar pháistí agus deichniúr garpháistí atá ag Róise. Tá siad scaipthe ar fud an domhain – i Méiriceá, i gCeanada agus san Astráil – ach beidh gach duine acu ag cóisir mhór Róise i halla an phobail anocht chun a breithlá a chéiliúradh léi.

Ceist 3
Léigh anois go cúramach ar do scrúdpháipéar na treoracha agus na ceisteanna a ghabhann le Ceist 3.

Comhrá

Eibhlín: Haigh, a Shíle. An bhfuil tú ag dul amach anocht?

Síle: Nílim róchinnte, a Eibhlín. Bhí mé ag féachaint ar réamhaisnéis na haimsire agus níl cuma rómhaith ar chúrsaí.

Eibhlín: Sa tuaisceart agus san iarthar a bheidh an aimsir is measa anocht, ceapaim. Beidh gaoth láidir ann agus báisteach throm.

Síle: Tá sé chomh maith againne anseo sa deisceart dul amach tamall mar sin.

Eibhlín: Cé acu ab fhearr leat? Dul chuig scannán nó dul ag rince?

Síle: B'fhearr liom dul ag rince.

Eibhlín: Tá Máiréad agus a cairde ag bualadh isteach chugam thart ar a seacht.

Síle: Rachaimid ar aghaidh ansin go Tír na nÓg. Bíonn craic ann de ghnáth agus bíonn an t-atmaisféar go maith.

Eibhlín: Slán go fóill.

Coimisiún na Scrúduithe Stáit, Scrúdú Deiridh na Sraithe Sóisearaí 2023/ Junior Cycle Final Examination 2023, Gaeilge T2 – Ardleibhéal agus Gnáthleibhéal